CAMINHANDO SOBRE FRONTEIRAS

Dados Internacionais de Catalogação na Publicação (CIP)
(Câmara Brasileira do Livro, SP, Brasil)

Frochtengarten, Fernando
 Caminhando sobre fronteiras : o papel da educação na vida de adultos migrantes / Fernando Frochtengarten. São Paulo: Summus, 2009.

Bibliografia.
ISBN 978-85-323-0527-5

1. Cultura 2. Educação 3. Educação de jovens e adultos 4. Migração interna 5. Migração interna – São Paulo (SP) 6. Migrantes – Educação – São Paulo 7. Mobilidade social 8. Psicologia social I. Título.

09-01127   CDD-302

Índice para catálogo sistemático:
1. Educação de adultos : Psicologia social   302
2. Migração e educação de adultos : Psicologia social   302

Compre em lugar de fotocopiar.
Cada real que você dá por um livro recompensa seus autores
e os convida a produzir mais sobre o tema;
incentiva seus editores a encomendar, traduzir e publicar
outras obras sobre o assunto;
e paga aos livreiros por estocar e levar até você livros
para a sua informação e o seu entretenimento.
Cada real que você dá pela fotocópia não autorizada de um livro
financia um crime
e ajuda a matar a produção intelectual de seu país.

CAMINHANDO SOBRE FRONTEIRAS

O papel da educação na vida de adultos migrantes

FERNANDO FROCHTENGARTEN

summus editorial

CAMINHANDO SOBRE FRONTEIRAS
o papel da educação na vida de adultos migrantes
Copyright © 2009 by Fernando Frochtengarten
Direitos desta edição reservados por Summus Editorial

Editora executiva: **Soraia Bini Cury**
Assistentes editoriais: **Andressa Bezerra e Bibiana Leme**
Capa, projeto gráfico e diagramação: **Gabrielly Silva**

Summus Editorial
Departamento editorial:
Rua Itapicuru, 613 – 7º andar
05006-000 – São Paulo – SP
Fone: (11) 3872-3322
Fax: (11) 3872-7476
http://www.summus.com.br
e-mail: summus@summus.com.br

Atendimento ao consumidor:
Summus Editorial
Fone: (11) 3865-9890

Vendas por atacado:
Fone: (11) 3873-8638
Fax: (11) 3873-7085
e-mail: vendas@summus.com.br

Impresso no Brasil

*Para Cesia,
que me faz
sensível à opressão.*

AGRADECIMENTOS

Este trabalho teve a imprescindível parceria de alguns alunos do programa de Educação de Jovens e Adultos (curso supletivo) do Colégio Santa Cruz: Denílson, de São Sebastião (AL); José, de Alto Longá (PI); Marcos, de Serinhaém (PE); Alceu, Ana, Dernílson, Edilsa, Elcilene, Eliene, José Vanúzio, Lucas, Márcia e Paula, de Tremedal (BA); Madalena, Maria Nilsa, Vanilda e Valmiro, de Belo Campo (BA); Adailton, Adriana, Edilsa, Geni e Joelma, de São João do Paraíso (MG).

Por meio desse grupo de estudantes, venho manifestar minha admiração por todos aqueles que, de Abraão a Zuleide, foram meus alunos ao longo da trajetória que culminou neste livro. Agora podem ler que deles tenho sido aprendiz.

Minha gratidão, do tamanho do sertão, aos familiares dos alunos que me acolheram em suas casas em Tremedal, Belo Campo e São João do Paraíso.

À professora Ecléa Bosi, por suas rigorosas lições de liberdade ao pensamento.

Ao professor José Moura Gonçalves Filho, a quem devo meu ingresso na Psicologia Social.

À professora Marta Kohl de Oliveira, cujas considerações foram essenciais em diferentes momentos de elaboração da tese que originou esta obra.

Às professoras Betty Mindlin e Eda Tassara, por sua leitura atenciosa.

À direção do curso supletivo do Colégio Santa Cruz, na pessoa de Orlando Joia e de Oswaldo Suzuki (Kappa), pelo acolhimento no campo da Educação de Jovens e Adultos e pelo incentivo à ousadia no ato de educar.

À direção geral do Colégio Santa Cruz, pela virtude política que toma corpo nas condições oferecidas ao curso supletivo.

Aos meus colegas professores, especialmente àqueles que estiveram próximos do percurso de minhas ideias durante este trabalho, oferecendo a sensibilidade de seu olhar e escuta: Célia Pimenta, Cláudio Bazzoni, Helena Meirelles, Leda Maria Lucas e Marco Antônio Fernandes. Também, aos meus "companheiros de ciclo", Mirella Cleto, Carlos Eduardo Nascimento e Maria Virgínia de Freitas, pela amizade e cumplicidade diárias durante a elaboração desta obra.

A Rita Pereira, com minha estima pelo trabalho realizado com os alunos.

A Neusa Maria dos Santos, Silvia Duarte Teles dos Santos e Tsuya Motomatsu, pelo auxílio sem o qual meus esforços pedagógicos não poderiam se cumprir.

A Luciana Ferraz, que abriu as portas do supletivo e buscou-me na saída, ajudando a revisar uma primeira versão deste texto.

Ao amigo professor Rodrigo Plotek, que primeiro viu em mim a figura do educador.

Aos meus pais, Júlio e Tônia, que me deram a luz do mundo letrado.

A Mariana, minha irmã, sempre tão longe e tão perto.

A Camila, pelo apoio e pelo amor de todos os momentos. Inclusive aqueles de espera por minha chegada noturna.

A Clara, que, com sua alegria de viver, transforma minha vida em fábula.

E ao Rafael, que acaba de chegar de sua primeira migração.

Se estou aqui, me acostumo aqui.
Se estou lá, me adapto lá.
Se eu estou lá, parece que não vim aqui.
E se eu estou aqui parece que não fui lá.

Alceu,
aluno adulto do Colégio Santa Cruz,
nascido em Tremedal

SUMÁRIO

Prefácio ▶ 15

Introdução ▶ 19

CAPÍTULO 1 – A ESCOLA: NOSSO LUGAR DE ORIGEM ▶ 25
    Perfil geral dos alunos ▶ 26
    O funcionamento da escola ▶ 30
    Trabalhadores migrantes na escola ▶ 32
    O letramento e a política ▶ 39
    Trajetos da pesquisa ▶ 46

CAPÍTULO 2 – VIAGEM AO SERTÃO ▶ 59
    A acolhida ao visitante ▶ 60
    Vida social e econômica das fazendas ▶ 69
    O lugar social da escola ▶ 77
    A tradição migratória ▶ 83
    O desenraizamento sertanejo ▶ 96

CAPÍTULO 3 – MIGRAÇÃO DE RETORNO À ESCOLA ▶ 105
    O urbanismo · 107
    Modos de pensamento e culturas brasileiras · 111
    Educação e enraizamento · 122
    Espaço informal · 130
    Identidades de fronteira · 134

CAPÍTULO 4 – ATÉ QUANDO? ▶ 139
    "Mudar de vida" · 139
    Olhares letrados sobre o sertão · 147
    Projetos de futuro · 152

Referências bibliográficas ▶ 157

PREFÁCIO

Não conhecia Fernando quando fui convidada para participar da banca examinadora de seu trabalho de doutorado, no Instituto de Psicologia da Universidade de São Paulo, o qual deu origem a este livro. Aceitei o convite sem vacilar, por conhecer e admirar sua orientadora, Ecléa Bosi, por me interessar especialmente pela temática da Educação de Jovens e Adultos e, ainda, por ter feito pesquisas na mesma escola em que Fernando desenvolveu a sua e ter grande respeito pelo trabalho realizado em tal instituição. Algo que poderia ter sido apenas o cumprimento de uma rotina acadêmica logo se revelou uma prazerosa oportunidade de troca intelectual, a princípio com o próprio texto e, depois, com Fernando, Ecléa e os demais membros da banca. O trabalho teve grande impacto sobre mim – intelectualmente, pela qualidade acadêmica; esteticamente, pela beleza do texto; emocionalmente, pela delicadeza e sensibilidade com que são tratados os sujeitos da pesquisa e o drama humano que protagonizam. O fato de eu compartilhar com o autor a condição de pesquisadora de adultos pouco escolarizados e de ter sido, como ele, professora de cursos supletivos não desqualifica em absoluto esse impacto. Ao contrário, evidencia a potencialidade do trabalho para tocar até mesmo quem já refletiu profundamente sobre a temática em pauta. Por tudo isso, aceitei também, com grande satisfação, a tarefa de prefaciar este livro.

O tema central do trabalho é a compreensão da experiência de escolarização de adultos migrantes na cidade de São Paulo, os quais vivenciam simultaneamente dois processos de cruzamento de fronteiras: da cultura rural para a cultura urbana e da condição de analfabeto ou pouco escolarizado para a de escolarizado. Partindo de temas da psicologia social, sua área de origem, o autor transita por conceitos de vários campos correlatos. Focalizando especialmente a questão do enraizamento e do desenraizamento dos sujeitos, explora o tópico da escolarização dos adultos, o contraponto entre práticas letradas e não letradas, a relação entre conhecimentos escolares e saberes cotidianos, o contraste entre as características da vida social e econômica da região rural de onde provêm originalmente os alunos e aquelas da grande metrópole.

Destaca-se no trabalho a construção de uma metodologia bastante original para o estudo da migração, do enraizamento e da identidade. O levantamento inicial de dados demográficos dos alunos do curso supletivo estudado evidenciou o fato de que muitos deles eram oriundos de uma região bem delimitada entre o norte de Minas Gerais e o sul da Bahia. Com base nessa informação, o autor escolheu para sujeitos de sua pesquisa aqueles procedentes dos três municípios que concentravam o maior número de alunos dessa região. Além de realizar entrevistas individuais e coletivas com os migrantes selecionados, o pesquisador organizou uma viagem aos seus municípios de origem, visitando as áreas rurais em que eles nasceram e cresceram, conhecendo suas casas, suas famílias e as escolas onde haviam inicialmente estudado. Essa viagem permitiu que as posições de nativo e estrangeiro, tão fundamentais na relação do professor-pesquisador com seus alunos na escola em São Paulo, se invertessem. Os efeitos dessa inversão nos alunos e no próprio pesquisador foram explorados como fonte para refletir sobre o processo de migração e desenraizamento, objeto central do trabalho.

Talvez justamente a mais importante contribuição teórica aqui oferecida esteja na exploração das várias dimensões do dilema biográfico "ficar ou partir", tão central para os migrantes. Ao mesmo tempo que, para eles, sua presença na metrópole é sempre considerada provisória, seu pertencimento ao local de origem foi quebrado pela migração. O modo como os sujeitos elaboram essa condição e o papel da escola nesse processo são focos centrais do livro. O autor afirma que ele próprio, durante todo o período de suas interações com esses migrantes, também habitou um lugar fronteiriço de estranhamento, percebendo que, como seus alunos, vivenciou simultaneamente situações de pertencimento e não-pertencimento. E constatou que, apesar de sua proximidade intelectual e afetiva com os alunos e de seus esforços de comunicação e entendimento, muitas vezes não os compreendeu nem foi por eles compreendido. Partindo dessas constatações, Fernando faz uma afirmação pontual que considero ser a principal implicação de suas reflexões para a área da educação: a de que a disponibilidade para sofrer os enigmas e as perturbações gerados pela tensão cultural é uma importante competência para educar adultos. A questão de como construir essa competência, muito longe de ser um problema técnico, poderia ser postulada como essencial na discussão sobre formação de educadores de adultos. Creio que esse dilema pedagógico, embora agudamente percebido pelo autor, não precisou ser por ele enfrentado, já que evidentemente apresentou condições pessoais de mergulhar no processo de profunda compreensão de seus alunos.

Considero que a tese de Fernando, agora transformada neste belo livro, integra, de maneira plena, competência acadêmica, compromisso de educador, sensibilidade e envolvimento pessoal com os sujeitos da pesquisa, além de evidenciar sua capacidade de escrever de forma concisa e completa, densa, lírica e autoral, sintetizando fecundamente as diversas fontes a que recorreu.

Marta Kohl de Oliveira
Faculdade de Educação da
Universidade de São Paulo

INTRODUÇÃO

O cair da tarde que anuncia a hora do descanso para grande parte da população paulistana marca, para alguns trabalhadores, o início de uma nova jornada. São homens e mulheres que não irão tão cedo para casa, tampouco poderão repousar nos cômodos que lhes são destinados na residência dos patrões. Em vez disso, tomarão o caminho de uma escola onde, apenas agora, dia e vida já avançados, retomam uma formação precocemente interrompida.

Ao seu encontro vamos outros trabalhadores. Gente que, apesar da visão ofuscada pelo tráfego contrário, ousou assinalar, entre as opções disponíveis nesta vida, a Educação de Jovens e Adultos (EJA) como projeto de participação política na sociedade brasileira.

O Colégio Santa Cruz, localizado na zona oeste da cidade de São Paulo, é um dos espaços do município em que educadores e alunos adultos reúnem-se ao anoitecer. Essa escola particular, que durante o dia atende crianças e adolescentes do curso regular, abre as portas para quatro a cinco centenas de jovens e adultos estudantes que frequentam seu curso supletivo[1]. Esse projeto educacional teve início em 1974 e, amplamente subsidiado pela escola, custa aos alunos uma simbólica taxa de matrícula. Durante quase uma década, dele participei como professor de Ciências Naturais[2].

Embora haja uma significativa heterogeneidade entre os alunos do supletivo, como simplesmente chamaremos o curso em questão, sua fatia mais larga é composta por migrantes vindos de áreas rurais. Na cidade, eles ocupam postos de trabalho não-qualificados. Em sua biografia, experimentaram breves passagens pela escola regular até que, finalmente, encontrassem brechas no espírito e no cotidiano para retomar a condição de estudantes.

Apesar do crescente número de projetos públicos e privados brasileiros em EJA e do aquecimento da produção acadêmica a seu respeito, tem sido acanhada a contribuição da psicologia a esse campo que se amplia, sobretudo, pelas mãos de pedagogos, antropólogos e sociólogos.

O afastamento da psicologia tem um fundo histórico. As teorias sobre a aprendizagem do adulto há muito tempo têm sido preteridas pelos estudos sobre a criança e o adolescente. E, na escala da psicologia evolutiva, são recentes as correntes que deixaram de considerar o adulto como alguém que tivesse atingido um momento de estabilidade, isento de transformações (Oliveira, 2001; Palacios, 1995).

A psicologia social tem dedicado especial atenção às formas de existência das classes populares, aos mecanismos de opressão do trabalhador, às migrações e aos contextos interculturais. Apesar desse interesse por fenômenos relevantes à EJA, são escassas as conversas entre as duas áreas. Este livro pretende colaborar para mudar essa situação.

No mundo contemporâneo, vêm se ampliando as arestas de contato entre culturas materiais, idiomáticas e simbólicas de formações sociais outrora distantes. Em meio a esse cenário, a proposta desta obra é habitar uma interface cultural bem determinada: os encontros de um professor, homem urbano, ora pesquisador, com alunos adultos oriundos de comunidades cuja vida se dá à margem da escrita.

Os códigos e as concepções do professor, bem como a linguagem e as perspectivas dos alunos, assentam sobre as formações sociais das quais vêm participando ao longo de sua trajetória biográfica. Desde então, práticas em EJA são capazes de promover, sobre educadores e estudantes, desequilíbrios gerados pelo contato com formas de conhecimento, modos de pensamento e recursos expressivos próprios a grupos sociais diversos daqueles aos quais pertencem.

De uma duradoura participação no supletivo, saí interpelado por aquelas que teriam sido as formas de vida dos estudantes nas áreas rurais onde um dia viveram, por sua carreira escolar toda irregular e pela migração para uma metrópole onde vieram retomar a escolarização. Assim, o contato do professor com seus alunos desdobrou-se em uma reflexão disciplinada sobre os diversos lugares ocupados pela escola ao longo das histórias de vida de um conjunto de migrantes.

Optei por focar minha atenção em uma área geográfica que compreende a divisa dos Estados de Minas Gerais e Bahia, de onde, historicamente, muitos filhos têm ingressado no supletivo. Primeiro, realizei entrevistas coletivas, denominadas *grupos de conversa*, com alunos matriculados em 2007 que tivessem vivido em determinados municípios dessa região: São João do Paraíso (MG), Tremedal (BA) ou Belo Campo (BA) (ver mapa na página 47). Essas reuniões solicitaram discussões entre conterrâneos sobre temas relacionados com a escolarização e a migração. Em seguida, alguns dos participantes desses grupos foram convidados para entrevistas individuais, nas quais algumas de suas impressões e opiniões puderam ser mais profundamente discutidas. Finalmente, em julho de 2007, viajei para as áreas rurais de origem desses estudantes. Essa imersão nos quadros sociais onde eles receberam suas primeiras formações permitiu compreender melhor as razões e os sentidos de seu afastamento da escola e da afirmação de uma tradição migratória na região.

O texto que virá está organizado da seguinte maneira:

→ O Capítulo I apresenta um perfil socioeconômico dos alunos adultos do programa de EJA em questão, discorre sobre o funcionamento da escola, tece uma psicologia do estudante trabalhador, sugere traços característicos de seu relacionamento com o educador e esclarece a trajetória da pesquisa em busca de respostas aos interesses surgidos nesse contexto.

→ O Capítulo II aborda a viagem feita ao sertão, entremeando a experiência vivida com discussões sobre as formações socioeconômicas da região, suas recentes mudanças, a inserção da escola naquelas áreas rurais e as raízes da migração para São Paulo.

→ O Capítulo III trata do regresso à escola paulistana de onde partimos. Contrasta as formas de conhecimento da natureza próprias do sertanejo com as do homem urbano, trata dos conflitos entre suas perspectivas em uma sala de aula, discute o valor do embate cultural para uma pedagogia do adulto e seus efeitos potenciais sobre a identidade dos estudantes e do educador.

→ O derradeiro Capítulo IV examina os projetos de futuro dos migrantes tremedalenses, belo-campenses e paraisenses de quem a pesquisa aproximou-se, sobretudo as repercussões da experiência escolar sobre suas perspectivas de permanência na metrópole ou de retorno para seus lugares de origem.

As teses alcançadas a respeito desses temas não foram produzidas a partir de um lugar de exterioridade do pesquisador. Elas resultaram do relacionamento entre o professor e seus alunos em uma escola urbana e nas áreas rurais onde viveram.

Almejo que essa experiência de idas e vindas no interior de um território de fronteiras culturais colabore para alguma compreensão da identidade do aluno adulto e para a reflexão sobre as ações do educador. Que meu cruzamento para o outro lado, anterior à viagem e radicalizado por ela, contribua para melhor conhecer quem temos sido deste lado. Que permita, enfim, melhor conhecer quem somos.

NOTAS

1 O ensino supletivo foi regulamentado no Brasil em 1971, assumindo a função de repor a escolaridade que não pôde cumprir-se na infância e na adolescência. Esse paradigma compensatório transportava referências curriculares e metodológicas da escola regular para o ensino de jovens e adultos, ignorando especificidades tais como os conhecimentos adquiridos em experiências de convivência e trabalho. Trata-se de uma ideia superada. Primeiro, por pesquisas em psicologia do desenvolvimento que tornaram insustentável a existência de uma idade apropriada para aprender; segundo, porque as relações entre a formação escolar na infância e na juventude e as modalidades de participação social já não subsistem diante das mudanças técnico-científicas e suas repercussões sobre o mundo do trabalho. Em contraponto à ênfase na falta de saberes escolares, o ensino de jovens e adultos do Colégio Santa Cruz está alinhado a um paradigma da educação continuada. Ele considera as carências deixadas pela vida pregressa, mas valoriza a aprendizagem ao longo da vida como mote para o desenvolvimento pessoal, como direito à cidadania e como participação dos indivíduos na sociedade e na cultura (Di Pierro, 2005). O uso do termo "supletivo", para designar esse projeto educacional vem de sua fundação e assume, nos dias de hoje, feições puramente afetivas.

2 Para um relato sobre a fundação desse programa educacional e uma discussão sobre as concepções de educação popular que a embasaram, ver Haddad (1982).

CAPÍTULO 1

A ESCOLA:
NOSSO LUGAR DE ORIGEM

Diariamente, uma transformação da paisagem humana do Colégio Santa Cruz acompanha a mudança de luz do entardecer. Esse é o momento em que os alunos do período vespertino deixam a escola, dando lugar aos jovens e adultos que frequentam o curso supletivo. Alguns funcionários da própria escola penduram os uniformes para usufruir, na condição de estudantes, do espaço que há pouco se oferecia como chão a ser varrido ou portaria vigiada. Para outros alunos que chegam ao cair da tarde, esse instante reitera as horas inéditas em que podem tomar para si um espaço frequentado pelos filhos do patrão. Motoristas particulares e babás, que instantes atrás aguardavam a saída das crianças para levá-las para casa, retornam com cadernos na mão. E chegam ainda muitos outros estudantes adultos que não têm vínculos com o colégio senão o de lá estudar[1].

PERFIL GERAL DOS ALUNOS

Uma pesquisa realizada com os alunos do supletivo conferiu nítidos contornos ao perfil de seu público[2]. Na ocasião desse levantamento, os estudantes concentravam-se na faixa etária compreendida entre os 20 e os 30 anos. Havia um equilíbrio entre os que se declaravam brancos ou afrodescendentes e, como tradicionalmente ocorre em programas de EJA latino-americanos, predominavam as mulheres (64%).

Os sotaques e léxicos entoados pelos alunos e a pele grossa de suas mãos por si sós permitiam uma aferição sensível de sua origem rural. Os números endossaram essa prevalência de migrantes. No semestre que serviu de base para o retrato dos estudantes, 90% eram deslocados de seu lugar de origem: 68% eram nordestinos, sendo 45% baianos; pouco mais de 10% eram mineiros e os outros 12% de migrantes eram oriundos das regiões Sul, Norte e Centro-Oeste do país, e também do interior paulista e fluminense. Esses dados espelham o fato de que, apesar da crescente migração de retorno ao Nordeste brasileiro, São Paulo ainda representa o principal destino de migrantes nordestinos com baixa escolaridade. Minas Gerais já não exporta gente como o fez outrora, mas continua sendo ponto de partida de muitos dos que aportam na capital paulista, frequentemente sem escolarização completa (Brito, 1999; Rigotti, 2006).

A origem da ampla maioria dos alunos do supletivo é o campo. São pessoas que viveram na roça uma parte da vida e cuja formação se deu mediante instituições essencialmente rurais. A história escolar desses jovens e adultos, que em São Paulo reassumiram a condição de estudantes, só pode ser conhecida à luz do contexto campesino em que viveram.

Os pais da maioria dos alunos nasceram nas décadas de 1930 e 1940. São trabalhadores rurais não-qualificados e não--alfabetizados, muitas vezes sem qualquer passagem pela escola. Seus filhos tiveram, quando crianças, mais experiências escolares que eles. Tanto assim que são raros os migrantes que chegam ao supletivo, mesmo para as classes de alfabetização, sem passagens prévias por uma sala de aula. No entanto, foram geralmente breves e assistemáticas, além de terem ficado distantes no tempo. São incomuns os alunos cuja escolarização seguiu um curso regular, somente freado pela partida para a metrópole. A interrupção dos estudos foi anterior.

Os alunos migrantes do supletivo chegaram a São Paulo apoiados por familiares que já compunham redes sociais nesse lugar de destino. A busca de emprego e renda, traduzida como desejo de "mudar de vida", é apontada pela ampla maioria desses estudantes como o mote da migração.

Chama a atenção que, à época do traçado desse perfil socioeconômico, o tempo médio de residência dos alunos migrantes em São Paulo fosse de cerca de doze anos, mas apenas 30% deles frequentassem o curso há mais de cinco anos. Com exceção de alguns poucos que chegam à cidade e são rapidamente levados ao supletivo por parentes que lá estudam, costuma haver um lapso temporal entre o desembarque na metrópole e o ingresso na escola. A adaptação à vida urbana coloca a habitação e o trabalho no plano das mais urgentes providências. É como se o migrante precisasse experimentar uma mínima estabilidade dos esquemas cotidianos e alguma segurança econômica para poder vislumbrar a escola como instância de inserção na sociedade urbana. Liberto da fixação pela busca de emprego e garantido o custeio do transporte, finalmente reuniria condições para cuidar da carência de conhecimentos que, a vida informa, regem a urbanidade. Então, já seria hora de "dar-se ao luxo" de estudar.

Algumas atividades desempenhadas pelos trabalhadores que são alunos do supletivo tornam-se evidentes pela graxa nos cantos de suas unhas e pelo cheiro de cândida que, no horário das aulas, ainda não teve tempo de volatilizar-se. Outra vez submetendo o sensível ao estatístico, os dados censitários mostraram que esses estudantes eram notoriamente empregados de residências e condomínios (65%), prevalecendo as empregadas domésticas (45%). Era também significativa a parcela dos alunos que se dedicavam ao comércio e à prestação de serviços (19%). Poucos trabalhavam no mercado informal (2%)[3].

Na ocasião desse levantamento, 60% dos estudantes eram remunerados em até dois salários mínimos, faixa que, alargada àqueles que recebiam até três salários mensais, incluía 80% dos alunos. Cerca de dois terços tinham mais de dez horas do dia ocupadas pelo período compreendido entre a saída de casa (nos casos em que não era a residência dos patrões) e o término do serviço. A jornada começava cedo e, na maioria dos casos, incluía os sábados.

A centralidade do emprego na vida dos alunos do supletivo não se reduz à duração da labuta diária. Mais da terça parte dos estudantes, sobretudo empregados de residências e condomínios nas imediações da escola, afirmou dormir no local do serviço ao menos de segunda a sexta-feira. Ele era o único pouso de que muitos dispunham na cidade de São Paulo.

Além dessas imbricações entre o emprego e a moradia, o trabalho também costuma ditar os passos da vida escolar. O estudo noturno depende de uma jornada respeitosa, que não avance noite adentro. Essa conciliação muitas vezes passa por negociações com os patrões: "Deixo a janta pronta e a mesa posta; quando chego, lavo a louça". E não são poucos os casos (20%) em que os empregadores foram as pessoas que incentivaram ao ingresso no supletivo dessa escola onde seus filhos estudam durante o dia. Ainda assim, a alegação de incompatibilidade entre os horários das aulas e do trabalho consiste em um dos principais fatores responsáveis pela evasão escolar[4].

A proximidade entre o serviço e o colégio favorece o comparecimento de grande parcela dos alunos, como que circunscrevendo uma topografia cotidiana. Aqueles que rumam para casas próprias ou alugadas após as aulas costumam percorrer distâncias mais longas, muitas vezes até regiões periféricas da cidade.

Nos dias atuais, são bem conhecidas as exigências de escolaridade para a participação no mercado de trabalho. Entre os alunos do supletivo, a relação inversa também é verdadeira: o emprego é condição para os estudos. Na circunstância do censo a que estamos recorrendo, "apenas" 10% estavam desempregados. São comuns os casos em que essa condição priva o trabalhador do dinheiro para a condução e da moradia nas proximidades da escola, sendo, por isso, outro motivo gerador de abandono do curso. Já houve casos de alunos que, vivendo essa situação, insistiam em superar pelo esforço andarilho a longa distância que separava sua casa do colégio.

A convivência com esses estudantes deu a conhecer a instabilidade de seu cotidiano, traço frequentemente verificado entre educandos pertencentes a grupos populares (Arroyo, 2007; Oliveira, 1986). Mudanças de emprego, de casa, viagens, gestações e transações financeiras (gastos e empréstimos) não raro ocorrem de modo inesperado, sem que tivessem sido previamente planejados. Eles alteram subitamente os esquemas de vida de alunos que, nesse meio, vão tentando equilibrar-se.

Os estudantes do supletivo não são migrantes que têm se mantido na cidade em condições de desemprego ou trabalho informal, o que difere do público atendido por outros projetos de EJA. Apesar da batalha diária desses alunos e de sua vida geralmente estafante, não me lembro de ter ouvido expressões como "São Paulo é pura ilusão". Extremamente raros são os casos de quem se evade do curso para empreender migração de retorno ao lugar de origem.

Embora apresente essas nuanças específicas, o perfil dos alunos do supletivo permite inseri-los em uma parcela da população brasileira que, do ponto de vista social, é bastante homogênea. O educando adulto costuma ser o migrante que teve experiências de trabalho rural, deixou uma área empobrecida em direção à metrópole e, na cidade, ocupa postos de emprego não-qualificados (Oliveira, 2001; 2004).

O FUNCIONAMENTO DA ESCOLA

As aulas do supletivo têm lugar na estrutura oferecida pelo colégio às crianças e aos adolescentes do curso regular diurno. As salas são espaçosas, limpas, bem iluminadas; seu mobiliário, adequado aos estudos. Nas paredes de algumas delas convivem trabalhos de alunos do dia e da noite, mútua revelação de mundos escolares distintos. Existe um aparato audiovisual disponível aos professores, além de laboratórios de Ciências, sala de Educação Artística, biblioteca, centro de informática, quadra e campo de futebol.

Da alfabetização ao ensino médio, o curso está dividido em quatro ciclos:

- *Ciclo 1*: com duração de seis semestres, equivale ao primeiro segmento do ensino fundamental. É frequentado por alunos que estão em processo de alfabetização. Os professores trabalham em regime de polivalência, além de haver especialistas em Educação Física e Educação Artística.
- *Ciclos 2 e 3*: cada um com duração de três semestres; juntos, compõem o segundo segmento do ensino fundamental. As aulas são divididas entre professores de Língua Portuguesa, Matemática, Ciências Naturais, História, Geografia e Inglês.
- *Ensino médio*: ciclo final, com duração de quatro semestres. Nessa etapa, as disciplinas são as mesmas do ensino fundamental, havendo o acréscimo de Educação Artística e a substituição de Ciências Naturais por Biologia, Física e Química.

A cada semestre, todas as classes participam de algumas aulas de Ensino Religioso, ministradas por um representante da pastoral do colégio.

Cada ciclo do curso é composto por uma equipe própria de educadores que, semanalmente, reúne-se para organizar o trabalho pedagógico. Um dos professores acumula a função de coordenador dessa tarefa, sendo também responsável pelo atendimento aos estudantes.

Participei do supletivo como professor de Ciências Naturais do ciclo 2. Dos estudantes que chegam a essa etapa da escolarização, uma parte costuma estar há anos distante da escola, enquanto outra foi recentemente alfabetizada no ciclo inicial do curso. Logo, acompanhei muitos alunos em seus primeiros contatos com essa disciplina. Parte das aulas acontecia na classe. Em outras ocasiões, trabalhávamos no centro de informática e no laboratório, realizando experimentos relacionados com os temas estudados: ciclos de vida dos seres vivos, água, solo, composição dos alimentos, digestão e percepção humana, entre outros.

Se os educandos adultos compõem um grupo relativamente homogêneo em comparação com a população brasileira, há também uma heterogeneidade que lhes é intrínseca. As classes do supletivo costumam ser formadas por uma média de trinta alunos. Em uma mesma turma, senhores e senhoras que permaneceram por vinte anos distantes da escola podem conviver com jovens que tiveram passagens recentes pelo ensino público regular. Gente que nasceu em regiões metropolitanas senta-se ao lado de quem cresceu em áreas rurais, fazendo avizinhar a periferia e o sertão. A diversidade de saberes, habilidades e ritmos de trabalho costuma ser a marca das turmas e representa um dos desafios ao trabalho pedagógico.

O clima predominante durante as aulas reflete os esforços que, cada qual a seu modo, todos fazem para estar na escola àquela hora. Elas são marcadas pelo interesse profundo dos alunos, por sua disponibilidade para conhecer novidades, pela atitude geralmente solidária de uns para com os outros e, sobretudo, pelo afeto reservado ao professor. Inexistem os problemas de disciplina geralmente presentes no ensino regular, dando a entender que aqueles que ali estão não têm mais tempo a perder. Enfim, a atmosfera reinante é de valorização do retorno à escola e das situações pedagógicas.

O curso oferecido pelo supletivo é presencial, o que significa dizer que a aprovação do aluno de uma etapa a outra está também condicionada à sua frequência em sala de aula. Ela permite ao professor acompanhar de perto sua aprendizagem e realizar intervenções nesse sentido. A lógica do mercado, segundo a qual a educação é regida pelo interesse puramente burocrático da diplomação, não chegou até esse curso.

Há ocasiões em que a escola extrapola seus limites físicos. Os diferentes ciclos que compõem o supletivo promovem saídas para espaços de cultura e lazer da cidade de São Paulo, como cinemas, teatros, exposições e parques. Esses passeios, às vezes diretamente relacionados com os conteúdos estudados, acontecem nos horários das aulas ou nos finais de semana. Tais atividades incrementam a familiaridade dos alunos com a cidade. Alguns exemplos de lugares já visitados: Teatro Municipal, Teatro São Pedro, Memorial do Imigrante, Memorial da América Latina, Jardim Zoológico, Jardim Botânico, Instituto Butantan, Parque e Planetário do Ibirapuera, Parque de Ciência e Tecnologia, Estação Ciência, Museu Afro-Brasil, Museu do Ipiranga, Museu da Língua Portuguesa, Museu de Arte de São Paulo, Pinacoteca do Estado e centro histórico da cidade. Já houve, inclusive, visitas a outros municípios, como Itu, Santana de Parnaíba e Santos. São lugares frequentemente inéditos para os alunos.

TRABALHADORES MIGRANTES NA ESCOLA[5]

O pôr do Sol faz latejarem as marcas impressas pela jornada diurna no corpo do trabalhador. O sono, as dores de cabeça, o mau jeito nas costas, a vista cansada, os tremores, os problemas estomacais e a pressão alta ou baixa integram as situações de aprendizagem no supletivo. Esses sintomas, que colaboram para converter a escola em extensão do trabalho (Mello e Gomes,

1992), não se manifestam sem interpelar reiteradamente o educador sobre a natureza dos estímulos que ainda trazem esses homens e mulheres às aulas.

A maioria vem de longas e exaustivas horas de trabalho, às quais se somam outras provas para ir à escola: a família com quem só poderão estar no fim de semana, os ônus dos deslocamentos, as ameaças das ruas à circulação noturna e as parcas horas restantes ao sono. Quando o sinal das 22h40 anuncia o encerramento das aulas, não tardará para que tudo recomece.

Não é apenas pelos sintomas da carne que a escola assume um caráter de continuidade do trabalho para o estudante adulto de um curso noturno. Também seu espírito chega à escola impregnado por jornadas diárias que, aos poucos, imprimem marcas à personalidade. Há momentos em que a conduta de alguns alunos na sala de aula deixa entrever aquela que é a do trabalhador diante do patrão. Instantes em que traços de relações verticais, em que os empregados ocupam posições subordinadas, tendem a ser transpostos para a relação com o professor. Seguem alguns casos.

Apesar de deixar clara minha preferência por ser tratado de "você", jamais me incomodou ser chamado de "senhor", muitas vezes por alunos mais velhos do que eu. Sempre considerei que essa forma traduzia o respeito reservado ao professor. Certa vez, entretanto, recebemos um aluno que era motorista particular e havia quinze anos se afastara da escola. Ele levou algumas aulas para se livrar do hábito de chamar-me de "doutor", sempre seguido da justificativa de que passara o dia em companhia do patrão. Depois de eu ter dispensado aquela titulação, não tardou que ele reconhecesse a si mesmo como alguém que sucumbia à força de um automatismo: levantava a mão, chamava o "doutor", mas já não se ocupava em dar explicações. Apenas sorria como quem se mostrasse ciente do lapso inexpugnável.

Em aulas de Ciências no laboratório, era com o cuidado de quem fazia algo novo que muitos alunos manipulavam os instrumentos utilizados para realizar medidas e misturas. As mãos hesitavam. Quando desemperravam, seguravam os tubos de ensaio com a delicadeza da ponta dos dedos e vertiam em fios o litro que devia passar todo da proveta ao béquer. Ao final da aula, quando eu solicitava que apenas dispusessem o material sobre uma bancada, era comum que algumas alunas ignorassem meu pedido e começassem a lavagem. A astúcia com que ensaboavam e enxaguavam os recipientes contrastava com os movimentos retesados antes empregados em sua manipulação. A água corrente descolava o significado original do material que assim deixava de simbolizar o saber escolar. Convertido em louça, acionava o maquinismo comportamental. Era difícil fazê-las parar.

Durante uma dessas aulas no laboratório, eu lia em voz alta a lista de procedimentos para um experimento enquanto os alunos acompanhavam em sua própria ficha. No entanto, eu me enganei e utilizei uma cópia da versão utilizada com a turma do semestre anterior. Nela, não constavam reformulações já incorporadas ao material entregue aos alunos. Apesar de ouvirem instruções diferentes das que liam, não houve quem me interrompesse para apontar a incongruência evidente. Supus que o silêncio não decorresse de uma inabilidade leitora. Embora alguns alunos possam ter trocado olhares interrogativos, muitos deles viveram apenas interiormente o distanciamento entre o lido e o ouvido. Diante da contradição entre sua percepção pessoal e a visão de colegas que pareciam seguir a leitura normalmente, nada disseram.

A dinâmica do consenso estabelecida nessa última situação foi objeto das reflexões de Solomon Asch (1966) sobre o papel das forças coletivas na modificação de julgamentos. Elas suprimem as evidências dos sentidos, levando membros do grupo a subordinar seus processos mentais aos de outrem. Esse mecanismo sugere um traço de submissão.

Há circunstâncias em que o respeito dos alunos pelos educadores assume um caráter de subserviência. Ele transparece em algumas atitudes e formas de tratamento ao professor. O conhecimento de algumas experiências vividas pelos alunos como trabalhadores edifica hipóteses quanto à origem desses comportamentos.

Como dissemos, há patrões benevolentes com a escolarização de seus empregados. Outros, porém, consideram a licença aos estudos concessões que legitimam toda sorte de contrapartidas: trabalho na madrugada, trabalho sem folga, trabalho sem férias. Tive um aluno a quem era custoso fazer as lições de casa porque a mesa da cozinha da residência onde trabalhava era proibida ao pouso do caderno; a fim de estudar, dirigia-se a uma praça nas redondezas. Outro estudante confidenciou já ter se escondido no banheiro da firma para fazer uma lição. E presenciei o caso de uma aluna que não pôde permanecer em sua festa de formatura mais do que os minutos necessários à recepção do diploma porque, naquela noite de sábado, a patroa exigiu que servisse o jantar. O vestido de festa e o cabelo asseado, resultantes de anos de luta, apenas puderam ser efêmeras alegorias. A velha ordem do avental e do lenço na cabeça não tardou a refazer-se.

Houve ainda uma ocasião em que acompanhei alguns alunos ao Centro de Tradições Nordestinas, local onde realizariam uma atividade de observação proposta pela escola. Combinei de dar carona a uma aluna, a quem eu buscaria na casa em que trabalhava como empregada doméstica. Toquei a campainha e, em resposta, uma voz informou pelo interfone que a moça saíra e ainda não retornara. Fiquei aguardando diante do portão. Quando ela finalmente chegou, pediu que eu esperasse um tanto mais: entrou para deixar um pacote e trouxe de volta um semblante carregado. A patroa viera indagar se ela encontrara o amigo que estava à sua espera. Ao saber que se tratava do professor, a dona da casa lamentou: "Puxa, se eu soubesse teria convidado pra tomar um café!" Minha carona estava indignada: "Os meus amigos não gostam de café?"

De todas essas vivências, saímos com o entendimento de que o trabalhador se dirige à escola como alguém que, de modo involuntário, se desloca de uma hierarquia a outra, sempre ocupando posições rebaixadas. Essa obediência tem sido aprendida mediante reiteradas participações em relações intersubjetivas polarizadas entre mandatários e serviçais. A desigualdade econômica que penetra os meandros da vida cotidiana adere à subjetividade como desigualdade moral.

José Moura Gonçalves Filho (1995) adverte que a carência material pode gerar impedimentos à comunicação: a espoliação não se resume aos seus condicionantes financeiros, mas envolve o cancelamento das palavras e das iniciativas mediante as quais, segundo Hannah Arendt (1997), os homens podem ser reconhecidos uns pelos outros. O sofrimento político então gerado é acompanhado pela humilhação. Ela relega o oprimido à invisibilidade pública, como nos casos em que ele mais cumpre do que cria. Algumas atitudes encarnadas pelos alunos adultos ora pensamos ser a conduta dos humilhados.

A exclusão social, fato externo aos sujeitos, é acompanhada por processos inconscientes que desencadeiam afetos e comportamentos diversos, como o pranto, o silêncio, o protesto, a habituação das condutas. O fenômeno da humilhação contribui para a compreensão da gênese do oprimido: homem que aprendeu a enxergar no outro a figura do opressor e introjetou o modo como costuma por ele ser visto (Freire, 1980).

Certa vez, devolvi aos alunos uma atividade já corrigida. Os resultados haviam indicado dificuldades gerais, por mim atribuídas à linguagem do texto e das questões propostas. Um aluno, faxineiro de um edifício próximo à escola, procurou-me a fim de justificar o que o atrapalhara: "Professor, não é querendo te elogiar, mas você ensina muito bem; eu é que não tenho jeito de aprender". Embora não tivesse compreendido o texto e minhas perguntas, vinha sugerir que ao menos compartilhávamos uma percepção acerca de sua incompetência. A esse respeito, aliás, não lhe restavam dúvidas.

Paulo Freire aponta o fatalismo e a autodesvalia como marcas da personalidade oprimida. De fato, não foram raras as circunstâncias em que vi alunos do supletivo atribuírem o sucesso alcançado nas atividades pedagógicas ao professor, ou assumirem para si toda a responsabilidade por eventuais fracassos. Essas concepções acerca do que acontece nas situações de aprendizagem trazem incutidas uma dicotomia que leva à sala de aula a barreira que separa os pobres e os ricos, os empregados e os patrões, os abonados e os desprovidos de saber escolar.

No caso daquele aluno que alegou inaptidão para justificar o insucesso em uma atividade que eu reconhecera toda mal planejada, tentei mostrar que seus avanços e apuros contavam com a participação de nós dois. Meu impulso, no entanto, foi primeiro sugerir: "Por que você não se revolta contra uma atividade tão mal preparada?" Caso ele assim o fizesse, é possível que eu tivesse experimentado um prazer análogo àquele vivido quando, vez ou outra, algum aluno ousava manifestar sua discórdia em relação a meus critérios de avaliação.

* * *

Alguma compreensão que possamos ter acerca da psicologia dos alunos adultos, especialmente sua inclinação para assumir lugares inferiorizados na sala de aula, deve considerar, além da condição de trabalhadores pertencentes às classes pobres, o fato de serem migrantes.

A sociedade brasileira não corresponde a um meio cultural uniforme, mas consiste em um quadro de expressões materiais e espirituais distintas. Alfredo Bosi (2000), sublinhando seu caráter plural, assentado sobre as divisões de classes, refere-se a ele como "culturas brasileiras". Esse cenário heterogêneo é composto pela cultura popular, cultura de massas e cultura erudita, centralizada no sistema escolar e universitário. Elas não estão separadas em compartimentos estanques, mas se articulam, produzindo assimilações, supressões e resistências que dão vida a formas sintéticas originais.

O supletivo consiste em uma interface de relacionamento entre formas de expressão distintas, mais imediatamente entre a cultura escolar e a cultura popular.

Dissemos que a ampla maioria dos alunos chegou à cidade de São Paulo vinda de áreas rurais, sobretudo nordestinas e mineiras. Receberam a primeira formação em quadros sociais de usos e costumes sertanejos[6]. As manifestações materiais e simbólicas de seus grupos originais eram desvinculadas da escrita, apoiadas sobre a oralidade e distantes dos esquemas oficiais.

Embora não exista uma unidade entre as definições do que vem a ser a cultura popular, é consenso que ela diz respeito ao sertanejo, ao interiorano e ao homem suburbano não assimilado pela estrutura da cidade. O viver desses grupos envolve um rol de manifestações como crenças e rituais mágico-religiosos, festas, narrativas e conhecimentos sobre a natureza que assumem, cada qual, um significado dentro do todo. A essas expressões são inerentes uma moral, um senso de justiça, uma religião e um modo de pensar tipicamente populares. Os valores e as práticas se interpenetram e compõem uma unidade orgânica marcadamente subjetiva e grupal, afeita à informalidade, acercada da natureza e da tradição (Bosi, A., 2000; Xidieh, 1993).

Correntes sociológicas e antropológicas de fundo evolucionista há tempos consideram o modo de vida e as concepções de mundo desses grupos como resíduos fadados à superação pelo avanço técnico e científico das sociedades modernas. Essa perspectiva toma as formas de expressão populares como traços intocados, imunes a mudanças e destinadas ao desaparecimento. O contraponto a essa tendência afirmou-se marcadamente nos anos 1960, com escolas de pensamento para as quais a cultura é dinâmica por definição. Assim considerando, também as manifestações populares estariam em constante transformação. Antonio Gramsci (1978) nelas enxerga a convivência de traços do passado com elementos que, tardiamente absorvidos, vêm conferir-lhes feições inovadoras. As migrações do homem do campo para a cidade e a retomada da vida escolar merecem ser pensadas como contribuintes desse processo de recriação contínua da cultura popular.

A passagem do sertanejo para a metrópole envolve rupturas de ordem material e simbólica em seu jeito de viver. O deslocamento corresponde à passagem para quadros regidos por saberes cuja aquisição está fortemente ligada à cultura escolar. No mundo urbano da leitura e da escrita, o distanciamento das letras consiste em um traço cultural que se associa ao fator econômico para conferir marcas distintivas às classes pobres. A separação entre o saber e o fazer, entre aqueles que sabem e aqueles que fazem, reforça as desigualdades de classe.

A tendência de alguns alunos adultos a colocar-se em posições rebaixadas na sala de aula não resulta da mera disposição cronológica do trabalho e da escola em seu dia. Ela reproduz uma ordem social baseada no dinheiro e calcada por mecanismos ideológicos segundo os quais a ciência do homem urbano e escolarizado tem mais prestígio que a cultura do povo. É nesse contexto que, algumas vezes, os estudantes investem o professor da autoridade que o capital confere ao patrão.

É ampla a faixa de contrastes existentes entre as formações culturais predominantes no campo e na cidade. Inicialmente, abordaremos a passagem do rural ao urbano como o caminho de um mundo onde prevalece a comunicação oral para outro onde predominam as práticas sociais letradas.

O LETRAMENTO E A POLÍTICA

O conceito de letramento (Street, 2001), recentemente transposto para o contexto brasileiro (Kleiman, 2004; Oliveira, 2004; Soares, 1998), diz respeito à formação de sujeitos participantes de práticas sociais que envolvem a língua escrita. Enquanto a alfabetização consiste na aprendizagem de uma tecnologia para ler e escrever, o letramento corresponde ao uso social efetivo dessa habilidade.

O alfabetizado é capaz de codificar e decodificar grafemas e fonemas, ler e escrever na direção correta da página, organizar minimamente um texto e manipular os instrumentos que suportam esses fins. Aprendeu um conjunto de técnicas por meio das quais domina o sistema alfabético e ortográfico (Soares, 2003).

Consideremos, pois, os casos hipotéticos de duas pessoas alfabetizadas. A primeira, um trabalhador rural aposentado cujo cotidiano é dedicado aos cuidados com o que restou de seu roçado, nunca teve o hábito de ler livros ou jornais. O uso que faz da leitura e da escrita é restrito às situações em que se desloca à zona urbana de seu município para comerciar. Compreende informações explícitas em textos curtos e, com dificuldade, preenche seus dados em fichas cadastrais. A segunda pessoa, supomos um de seus filhos, migrou para uma metrópole onde concluiu a escolarização em um programa de EJA. Faz uso da leitura e da escrita no trabalho e em momentos de lazer. Adquiriu o costume de ler livros e jornais, escreve cartas, utiliza as ferramentas básicas de um computador e compreende instruções escritas. É afeito à leitura de diversas modalidades textuais e realiza inferências com base no que lê.

Pai e filho passaram pelo processo de aprendizagem técnica mais pontual em que consiste a alfabetização. No entanto, é provável que tenham diferentes níveis de seu domínio: que o pai faça leituras silabadas e omita vogais em sua escrita, o mesmo não ocorrendo com o filho. Também podem variar os usos que ambos fazem desses recursos nas interações sociais cotidianas: o pai nunca foi um cidadão leitor e escritor, enquanto o filho lê e escreve textos com diferentes finalidades.

A alfabetização e o letramento são processos interdependentes e indissociáveis. Basta considerar que, nas concepções de alfabetização hoje vigentes, a aprendizagem da tecnologia da escrita não se dá por meio de textos elaborados com a finalidade exclusiva de sua aquisição, mas por atividades com textos "reais".

As relações entre alfabetização e letramento não se dão em uma sequência necessária e linear. Enquanto escrevo este texto, minha filha de 5 anos abre a porta, senta-se ao meu lado e avisa que também vai trabalhar. Então, começa a rabiscar uma folha em branco e diz que seu tracejado conta a história de uma princesa: "Era uma vez uma princesa muuuuito bonita..." Embora não seja alfabetizada, uma criança que convive com materiais impressos e ouve histórias contadas por adultos já participa, a seu modo, de eventos de letramento. Eles favorecem, por exemplo, o desenvolvimento de estratégias orais letradas e o estabelecimento de relações entre os fatos vividos e as histórias narradas. A criança aprende a relacionar-se com o livro como quem toma em mãos um brinquedo.

O letramento é um processo contínuo e, por isso, seus efeitos não são simplesmente mensuráveis. Dificilmente poderíamos aludir a uma dicotomia entre letrados e iletrados como índices absolutos do uso da língua escrita por parte dos sujeitos. Uma referência a um homem ou a um grupo "pouco letrado" diz respeito a uma condição decorrente de interações incipientes com esses elementos culturais (Oliveira, 2004). É um quadro diverso daquele experimentado na cidade, onde a língua escrita faz a mediação entre os homens na esfera profissional, tecnológica, midiática e burocrática.

Enquanto as aquisições individuais da alfabetização estão fortemente ligadas à passagem pela escola, o letramento também se difunde por meio de instâncias sociais como a família e o trabalho. Mas, embora haja uma multiplicidade de agências que o fomentam, o 5º Indicador Nacional de Alfabetismo Funcional (Inaf)[7] salientou a relevância dos eventos escolares como fator promotor de práticas sociais letradas.

Os alunos que chegam ao supletivo viveram a infância e a adolescência em grupos sociais afastados da escola e da escrita, apoiados em conhecimentos estreitos à vida prática. A chegada à escola demanda algum grau de aculturação, pois os aproxima de práticas discursivas próprias dos grupos dominantes. O letramento está ligado, portanto, a relações de poder (Kleiman, 2001). Estas geram conflitos, especialmente quando as situações de aprendizagem são concebidas por uns e vividas por outros como uma necessidade de abandono de concepções e práticas tradicionais. Nesses casos, as atividades pedagógicas vêm confirmar uma superioridade do conhecimento escolar.

Embora haja momentos em que a conduta dos alunos adultos tende a transpor relações desiguais para a sala de aula, temos constatado os riscos contidos em práticas de ensino que sancionam o saber escolar em prejuízo do conhecimento dos grupos populares. Nessas condições, as formas de pensamento tipicamente letradas podem ser acatadas pelo aluno, mas dificilmente são aprendidas e incorporadas ao seu repertório. Modalidades de conhecimento que implicam o apagamento de práticas discursivas consideradas subalternas arriscam levar à evasão escolar.

Angela Kleiman (2001) narra o exemplo de uma professora que tentava convencer seus alunos das vantagens do medicamento farmacêutico sobre os tratamentos baseados em remédios naturais, transmitidos oralmente por membros da comunidade. Os alunos acabaram por dar as costas à professora.

Já presenciei algo semelhante. A equipe de professores da qual eu fazia parte propôs aos alunos uma pesquisa bibliográfica cujo tema era "liberdade e consumo". Nossa iniciativa pressupunha que os alunos dirigissem um olhar crítico ao consumismo e às mensagens veiculadas pelos meios de comunicação de massa. Qual não foi nossa surpresa ao perceber que um dos grupos de estudantes fazia uma ode ao consumo, considerando o poder de compra uma condição para a liberdade. Não presenciei a conversa que uma professora manteve com esses alunos a respeito de seu trabalho, mas tive indícios das reflexões sobre liberdade a que então foram lançados. Dias depois, o grupo colocou em dúvida a continuidade da atividade: "Quando a gente começa a fazer uma pesquisa, já tem um resultado onde tem que chegar?" Mais pela forma do que pelo conteúdo, os objetivos da proposta foram alcançados: os alunos recusaram-se a aceitar a ideia que lhes foi prontamente oferecida.

Vemos, nesses dois exemplos, o embate que pode ocorrer na escola em torno do significado de temas vários como a medicina e a liberdade humana. Trata-se de uma luta social, na medida em que as partes carregam perspectivas apoiadas sobre grupos determinados e distintos.

Bakhtin (1979) sugere que os signos têm um caráter plurivalente. Por isso, em sua vida social, admitem o confronto de índices contraditórios. O que é verdade pode tornar-se mentira, assim como o que é crítica pode converter-se em elogio. A significação não está contida na palavra isolada, na alma do falante ou de seu interlocutor. Ela é efeito da interação verbal. Os significados vêm, justamente, pela possibilidade de oposição da palavra à palavra.

Com os estudos linguísticos de Bakhtin, diríamos que algumas experiências escolares opressivas são aquelas que conferem ao educador o papel de um narrador do mundo. Nesses casos, os signos tornam-se reacionários e refratários a novas significações, aderindo a um veio ideológico determinado, supostamente dominante. Estratégias pedagógicas que favorecem a legitimação de novos saberes pela interação podem, portanto, subverter a ordem das relações socialmente vigentes.

No supletivo, houve uma noite em que um grupo de alunos ocupara a frente da classe para apresentar sua pesquisa sobre animais da Floresta Amazônica que servem como fonte de sustento à população local. Um dos estudantes discorria a respeito do pirarucu, peixe consumido por muitos ribeirinhos. Disse, a certa altura, que o bicho era capaz de deslocar-se grandes distâncias pelo solo em épocas de seca. Ao final da apresentação, coloquei em dúvida aquele dado, e o silêncio do aluno deu a entender que ficáramos com minha palavra. Quando retornei à escola na semana seguinte, uma professora contou sobre a inquietude daquele rapaz, que inclusive lhe mostrara um livro em que constava a informação que o professor de Ciências contestara. O aluno acabou por procurar-me e, cheio de recatos, pediu para mostrar a publicação. Àquela altura, atento mais ao homem do que ao peixe, indaguei por que ele não dissera, na sala de aula, que a informação viera de um livro. Reticências. Então, fui direto: "Você evitou me contrariar?" Veio, confirmativo, um sorriso amarelo. Naquela mesma noite, para começar a aula, pedi que esse aluno reocupasse o lugar à frente dos colegas e lesse a página do livro. Por minha vez, contei que consultara professores biólogos da escola e que eles também desconheciam tal informação sobre o pirarucu. Instaurou-se o impasse. A classe discutiu longamente a divergência entre as fontes de informação e as possíveis condutas do pesquisador que com elas depara. Finalmente, expus minha incógnita sobre aquilo que em princípio julgara saber e fui surpreendido pela irrupção da classe em aplausos.

A ocupação de um lugar na construção dialógica do conhecimento pelo aluno consiste, ela mesma, em objetivo de uma pedagogia do oprimido. Seria falso pensar que a escola pode, simplesmente, oferecer-lhe saberes letrados. Essa postura manteria a estrutura vertical das relações entre sujeitos com diferentes graus de letramento, apenas realocando o aluno cujo corpo costuma ser servente em uma posição de espírito a ser servido. Condutas assistencialistas arriscam reforçar a vitimização dos espoliados, então convertidos em receptores passivos de doações que, supostamente, lhes restituiriam a humanidade. As práticas de um professor depositante do conhecimento assim preservam as condições opressivas que a escola tenciona transformar.

Se a participação ativa é essencial para conhecer a linguagem e a aritmética, a história e a natureza, no caso do aprendiz adulto essas disciplinas podem assumir um sentido de convocação à palavra e à ação. Podem solicitar que suas indagações, reivindicações, críticas, análises, escolhas, decisões e observações encontrem um lugar de responsabilidade sobre o conhecimento do mundo. Desejaríamos que o aluno adulto não fosse à escola para, uma vez mais, satisfazer necessidades e interesses que são dos outros, mas para fazer ingressar necessidades e interesses que são seus em relações intersubjetivas.

A filosofia marxista da linguagem e a pedagogia libertária guardam, finalmente, afinidades com a maneira como os gregos definiam a amizade (Arendt, 2002). No pensamento socrático, a experiência de habitação de um mundo comum não decorre de uma coincidência entre as perspectivas de muitos homens. Inversamente, o senso comunitário reside no fato de que o mundo oferece diferentes aberturas, permitindo a cada homem portar uma verdade potencial e singular a seu respeito. Ela pode efetivar-se por meio da opinião (*doxa*), que é a formulação, em fala, da maneira como o mundo aparece a cada homem (*doke moi*). O modo de fazê-lo é o diálogo. Adiante, as formulações aristotélicas proporiam que uma comunidade está fundada sobre essa modalidade de conversa entre homens diferentes, porém capazes de se articular quando falam sobre aquilo que têm em comum. Essa conversa, que não precisa ter um fim para ser válida e permite a cada homem habitar o ponto de vista dos demais, favorece a igualdade política chamada por Aristóteles de amizade (*philia*).

O caráter político da pedagogia do oprimido reside em sua recusa do mundo como um dado externo. A escola não é um lugar de favor, mas de troca. E o engajamento nessa estranha modalidade de relação precisa ser ele mesmo ensinado. Não para produzir seres dotados de concepções e desejos próprios, mas para favorecer *a expressão* de concepções e desejos próprios. A linguagem, a aritmética, a história e a natureza tornam-se mais belas quando servem de argumento para sermos amigos.

TRAJETOS DA PESQUISA

O interesse pelo percurso escolar dos alunos migrantes do supletivo era meramente intuitivo quando, em tempos distantes, convidei alguns deles a narrar suas histórias de vida. Ouvi longamente três depoentes, todos eles vindos de áreas rurais nordestinas, mais precisamente piauienses, alagoanas e pernambucanas. Esses depoimentos revelaram elementos comuns que levaram ao seu afastamento da escola, à migração e à retomada dos estudos. Embora houvesse semelhanças entre suas trajetórias, algumas particularidades sociais, econômicas e geográficas de suas regiões assumiam relevância nas narrativas. Em conjunto, deram a entender que o foco sobre uma área rural específica contribuiria com as reflexões acerca das relações entre escola e migração.

Desde o início das aulas no supletivo, chamava minha atenção uma resposta frequentemente recebida quando indagava os alunos a respeito dos lugares onde um dia viveram: "Perto de Vitória da Conquista". Arredondando as coordenadas de sua história, muitos estudantes expressavam seu pressentimento de que o nome de seus municípios seriam inauditos ao interlocutor. Conforme, porém, aprendi a solicitar que reduzissem a escala de seu mapa biográfico, alguns topônimos foram se revelando recorrentes: Tremedal, Belo Campo, Piripá, Caraíbas, Condeúba, Cordeiros, Bate-Pé, Presidente Jânio Quadros, Encruzilhada, Maetinga, Anagé, Ninheira e São João do Paraíso. Em 2007, contei 72 alunos do supletivo oriundos dessa região compreendida no sul do Estado da Bahia e no norte de Minas Gerais. Eles correspondiam a 17% dos estudantes matriculados, gente bastante para encher duas salas de aula. Apenas as baianas Tremedal e Belo Campo, mais a mineira São João do Paraíso, eram pontos de partida de 47 alunos. Elegi esses três municípios como ancoradouros de meu interesse.

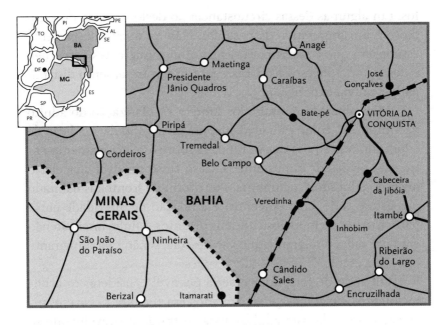

Figura 1: Mapa da região de Tremedal, Belo Campo e São João do Paraíso.

A pesquisa que então teve início esteve dividida em duas etapas, sediadas uma aqui, outra lá. Em São Paulo, entrevistei alunos tremedalenses, belo-campenses e paraisenses do supletivo. Em seguida, estive com alguns desses estudantes nos lugares onde cresceram. Esses encontros paulistanos e sertanejos foram colocados em diálogo também com experiências por mim vividas na escola, acontecimentos e reflexões registrados em um diário de campo elaborado ao longo dos anos. Tais procedimentos propiciaram os elementos para costurar os temas da escolarização e da migração.

A vertente qualitativa da psicologia social brasileira tem assistido a um número crescente de estudos em que o pesquisador assume participação direta nos grupos sociais que se propõe conhecer. Assim, recorre a um método afinado com o dos etnógrafos. Em algumas dessas circunstâncias, o deslocamento do estudioso é um imperativo da pesquisa. Não foi o caso do presente estudo, em que a participação entre alunos migrantes antecedeu e despertou a investigação. Ela conferiu um tratamento disciplinado à prévia experiência.

Meu olhar de pesquisador sobre a escolarização do adulto não implicou, como está evidente, um abandono da condição de educador. A pesquisa esteve fundada sobre o relacionamento entre este professor e seus alunos. Caso fosse possível cancelar o lugar do educador, sucumbiria o território de fronteiras habitado por este estudo, cujo epicentro é a relação de alteridade entre participantes de modelos culturais distintos. Minha intenção não era falar *sobre* o migrante que vai à escola, senão *com* o migrante que vai à escola.

Olhando de fora, apenas seria possível considerar os acontecimentos em linhas gerais, tratados em terceira pessoa: *a* migração e *a* escola para adultos. Essa abstração provavelmente se estenderia aos próprios alunos, arriscando apagar a singularidade de suas experiências em nome de uma construção de tipos sociológicos[8]. Inversamente, as teses aqui construídas foram pautadas pelo respeito às particularidades dos vários estudantes tremedalenses, belo-campenses e paraisenses. Emergiram da comunicação entre suas perspectivas, reservando espaço para possíveis acordos e desacordos, encontros e desencontros, afinidades e contradições entre elas. Finalmente, todas as sínteses alcançadas sobre a escolarização do adulto migrante foram submetidas ao exame dos próprios estudantes que participaram dos grupos de conversa e cujas regiões de origem visitei.

Orientado pela etnografia de Clifford Geertz (1989), parti do princípio de que apenas os alunos podem fazer interpretações em primeira mão sobre a escolarização de um migrante oriundo de áreas rurais. Somente sobre seus ombros eu poderia enxergar esses fenômenos que pretendia tomar em sua realidade concreta. Ela não se restringe a uma compilação de fatos e dados, mas envolve a percepção que, a seu respeito, têm os protagonistas. A realidade concreta refere-se à relação dialética entre as subjetividades e a objetividade (Freire, 1986). Terreno que é, por excelência, foco de interesse da psicologia social.

Um método assim desenhado diverge, portanto, daquele que empregavam os primeiros etnógrafos a viajar ao encontro de povos desconhecidos. A validação de seus conhecimentos exigia um despojamento dos códigos e valores da cultura que lhes era própria, como se então pudessem supostamente alcançar uma condição de neutralidade. Os etnógrafos pioneiros julgavam assim estar libertos dos riscos de interferência sobre a realidade, podendo então dispensar a relação com o outro do conjunto de condições produtoras do conhecimento (Silva, 2005). Inversamente, não pressupus uma verdade contida de antemão na condição do aluno migrante. Sequer cogitei a possibilidade de acesso sorrateiro a um real isento das intempéries geradas por nossos encontros.

Vale ressaltar que estive debruçado sobre uma situação particular: um programa de EJA específico, que foi palco do relacionamento de um professor de carne e osso com alunos de carne e osso. O potencial de extensão desse estudo a outros microcontextos apenas poderá revelar-se tardiamente, à luz das experiências de outros educadores de adultos migrantes.

Os grupos de conversa

Com a intenção de reunir migrantes oriundos de Tremedal, Belo Campo e São João do Paraíso, recorri às fichas de inscrição de todos os alunos matriculados no supletivo em 2007. Entre os dados contidos nesses documentos, examinei as informações com que preencheram a lacuna destinada ao "local de nascimento".

Não tardaram a tornar-se evidentes os limites e engodos desse proceder a quem almejava identificar os estudantes que tivessem tido, efetivamente, experiências de vida nessas localidades. Nascer em um município não garante que o aluno tenha passado a infância e a juventude ali. Nele pode apenas ter vindo à luz, ter sido registrado. Outras vezes, uma área rural pertencente ao domínio político de um município tem maior proximidade com a zona urbana da região administrativa adjacente. É ali que a família compra e vende, usufrui de serviços burocráticos e de saúde, os filhos estudam, enfim, é o ponto onde a vida rural articula-se com a dinâmica urbana. Finalmente, há alunos vindos dessas pequenas cidades que informam outro município como local de nascimento.

Por essas razões, não consegui alcançar todos os alunos do supletivo que, de fato, viveram nas áreas rurais de Tremedal, Belo Campo e São João do Paraíso. Para aparar os grupos formados para as entrevistas, conversas prévias garantiram a vinculação da biografia de cada participante a algum desses municípios.

Formaram-se quatro grupos de conterrâneos: dois com alunos tremedalenses, um com belo-campenses e um com paraisenses. Todos foram compostos por homens e mulheres, estudantes dos ciclos 2 e 3 e do ensino médio do supletivo. A ausência de alunos do ciclo 1 ocorreu pela incompatibilidade de seus horários com os de nossas reuniões. A ampla maioria dos participantes já frequentava o curso havia pelo menos dois anos. Quase todos haviam sido meus alunos e a alguns deles eu lecionava naquele semestre. Outros poucos eu jamais encontrara em uma situação pedagógica.

Todas as reuniões ocorreram em minha casa, em tardes de sábado e domingo. A escolha do lugar deveu-se, inicialmente, à facilidade de acesso para os estudantes nos dias em que a escola não podia ceder espaço para nosso encontro. Essa decisão de caráter operacional acabaria por assumir uma dimensão simbólica relevante para a pesquisa.

As entrevistas coletivas foram inspiradas nos grupos focais (Debus, 1994; Krueger e Casey, 2000; Vaughn, 1996), cujos princípios, no entanto, foram ajustados à pesquisa. A modalidade resultante foi o que acabei por denominar de "grupos de conversa".

Eles foram estruturados como colóquios entre alguém que apresenta temas para discussão e um conjunto de pessoas a quem é dada liberdade para debater o assunto proposto.

Os teóricos dos grupos focais divergem quanto ao número ideal de participantes nessas dinâmicas. Advertem que grupos demasiadamente pequenos reúnem poucas perspectivas acerca dos temas propostos. Inversamente, o excesso de participantes tende a fazer que alguns deles dominem a conversa, enquanto outros assistem calados. Supusemos, ainda, que grupos numerosos pudessem representar um empecilho às conversas. O debate mais se aproximaria de uma sucessão de respostas individuais pouco relacionadas entre si. Apoiado sobre a experiência realizada com um grupo-piloto, acabei por convidar cinco alunos para cada reunião. É o número mínimo recomendado.

Nesses encontros, os participantes foram dispostos de modo a permitir que todos pudessem ver e ser vistos pelos demais. As conversas foram entabuladas por algumas pessoas que já se conheciam: tinham algum grau de parentesco, travavam relações que vinham do lugar de nascimento ou da escola. Outros participantes não se conheciam, embora fossem conterrâneos: viveram em pontos distantes na região de origem, foram dispersos pela migração e estudavam em classes distintas.

As reuniões tiveram início com breves apresentações de cada aluno. Além de contribuir para instaurar uma atmosfera propícia ao debate, essas falas iniciais vieram a somar, às evidentes diferenças de gênero entre os participantes, singularidades relativas ao tempo decorrido desde a migração, às profissões e às etapas de escolarização em que se encontravam. Em torno de sua comunhão quanto ao lugar de origem, à mudança para São Paulo e à condição de estudantes do supletivo orbitavam variantes de sua trajetória.

Os grupos focais podem ser realizados na ausência ou na presença de um roteiro de temas e perguntas. Há ocasiões em que os fluxos de debate são livres e abertos, principalmente quando o pesquisador não teve um contato prévio com os participantes e não traz hipóteses sobre os assuntos que pretende abordar (Debus, 1994). Para os grupos de conversa, a opção pelo roteiro não se justificou apenas pelo contato prévio com os alunos, por algum conhecimento de suas histórias ou pelas hipóteses trazidas sobre o papel da escola em sua trajetória. A escolha também se deveu às recomendações de José Moura Gonçalves Filho (2003), para quem a dispensa do roteiro arrisca afastar o pensamento dos entrevistados da experiência sobre a qual repousa o interesse do pesquisador. Nesses casos, é comum que os discursos se precipitem em associações livres e recorrentes aos estereótipos.

Nos processos de estereotipia, os sujeitos aderem de forma irrevogável a noções padronizadas que rompem os vínculos com os objetos do pensamento (Bosi, E., 2003). O discurso amarrado às convenções já não pode caminhar em direção à elaboração das experiências e à construção de significados originais. As opiniões se reiteram e afastam as estranhezas. Tudo são certezas.

Mesmo em entrevistas individuais, nas quais não existe a presença física dos grupos, uma completa anulação dos estereótipos é improvável. Ainda assim, o peso da aprovação social é maior em situações em que há participação imediata em um grupo (Asch, 1966; Kiesler e Kiesler, 1973). Nessas condições, a submissão a formas unificadas de percepção pode ser vivida como a garantia de uma ordem nas relações. A dinâmica do grupo se precipita em uma consonância cognitiva e a conversa torna-se natimorta.

A fim de ultrapassar a letargia imposta pelos estereótipos, enfatizei aos alunos o fato de não ter qualquer expectativa de consenso sobre os temas propostos. Com a mesma finalidade, intervim para que as discussões não fossem monopolizadas por participantes cujas atitudes exigissem a adesão irrestrita dos demais. E, principalmente, elaborei um roteiro de entrevista que estimulasse a reflexão e a conversação sobre os assuntos de interesse da pesquisa.

Os temas propostos para as conversas emergiram do contato já duradouro com os alunos do supletivo: as condições de vida em seu lugar de origem, os grupos em que tomavam parte nesses locais, os motivos determinantes da migração, a chegada à cidade de São Paulo, a vida de trabalhador e o retorno à escola. Esses tópicos foram traduzidos ora como perguntas, ora como afirmações a serem discutidas pelos participantes.

Um primeiro grupo de conversa, realizado em caráter piloto, valeu para testar não somente o número de participantes como também o roteiro da entrevista. Não era minha intenção que os alunos realizassem um trabalho de enfrentamento individual das questões propostas, mas interagissem com os demais participantes em um esforço de debate. Almejei fazer que as experiências de lugar de origem e trajetória geográfica coincidente, também da condição de alunos do supletivo, aparecessem umas diante das outras para mútuas revelações dos pontos de convergência e divergência. As perguntas e proposições dirigidas aos grupos deveriam essencialmente gerar diálogo. Considerei pertinentes aquelas que solicitaram troca de experiências vividas em primeira pessoa e a expressão de pensamentos, percepções, juízos e afetos componentes das perspectivas pessoais.

As conversas foram gravadas e transcritas. Diferentemente do que recomendam alguns autores dedicados aos grupos focais, as reuniões não foram filmadas nem contaram com a presença de um observador, senão do entrevistador. Meu conhecimento acerca dos alunos do supletivo fez crer que esses elementos arriscariam gerar mais constrangimento e inibição a quem já se encontrava diante de algumas pessoas pouco conhecidas, de um professor-entrevistador e em sua casa. Enfim, uma câmera e uma testemunha seriam intrusões que ameaçariam aterrar o nascedouro de nossa cumplicidade. A fim de amenizar eventuais prejuízos, optei por fazer registros escritos dos componentes gestuais que chamassem minha atenção.

As entrevistas individuais

Os grupos de conversa nem sempre garantiram condições para as elaborações mentais de todos os participantes. Surgiram, com a adoção desse método coletivo, momentos em que um assunto relevante para um sujeito não encontrou reciprocidade nas experiências vividas pelos demais; não repercutiu no debate e a conversa tomou outro rumo. Outras vezes, ainda que tivesse solicitado o cuidado dos participantes para evitar bruscas interrupções de raciocínios alheios, as falas foram cortadas e deixaram fios que acabaram não sendo amarrados pela continuidade do discurso. Finalmente, houve situações em que os participantes pareceram ter se sentido inibidos de pensar em voz alta diante dos demais.

A análise das conversas grupais revelou narrativas de fatos e opiniões pessoais com denso significado, que no entanto julguei não terem sido desenvolvidas em profundidade. Tomei esses momentos como promessas a serem cumpridas por meio de entrevistas individuais que assumiram um caráter complementar. Para eles foram convidados quatro alunos tremedalenses, dois belo-campenses e um paraisense de quem quis ouvir mais detidamente ideias bem determinadas e apenas esboçadas nas reuniões.

Com esse objetivo, os roteiros não poderiam ter sido dispensados. Eles foram compostos por transcrições de falas pronunciadas pelos entrevistados nos grupos de conversa. Pedi que retomassem e dessem continuidade a suas reflexões ou que tentassem esclarecer seu significado.

Embora uma entrevista individual não ofereça o apoio de outros pontos de vista, a situação vivida pela dupla aumenta a intimidade. Nessas condições, cabe apenas ao entrevistador acolher o ritmo de elaboração e os momentos de silêncio do entrevistado. As contradições e lacunas emergentes podem ser tomadas como índices de verossimilhança das experiências narradas, sem exigir a superação dos impasses. Pensamentos, percepções e imagens individuais são desenhados com cores diversas daquelas assumidas em meio a outras vivências.

As entrevistas individuais, realizadas em finais de tarde antecedentes às aulas, foram gravadas e transcritas.

A viagem

Após a realização dos grupos de conversa e das entrevistas individuais, chegou a hora de partir rumo à região onde estão localizados os municípios de Tremedal, Belo Campo e São João do Paraíso.

A intenção da jornada foi realizar uma imersão nos lugares de origem de alguns alunos do supletivo, de modo a conhecer seu quadro social, o jeito de viver e o modo de pensar de seus habitantes. No meio deles, as escolas.

Parti de São Paulo em companhia de um aluno do ensino médio e de uma aluna do ensino fundamental dos quais já havia sido professor. Eles iam ao encontro de suas famílias em Tremedal, primeira etapa de minha viagem. Dias depois, eu seguiria a Belo Campo e São João do Paraíso. Durante duas semanas, viajei de carro pelas áreas rurais onde viveram os alunos participantes dos grupos de conversa e das entrevistas individuais.

Visitei as casas das famílias de treze desses estudantes do supletivo. Em algumas delas, encontrei os alunos que estavam de férias. Em outras, estive com pais e irmãos de quem, naquele momento, não pôde deixar São Paulo. Dada a acolhida, passei toda a viagem sem hospedar-me em um único hotel, sem comer em nenhum restaurante. Estive durante aproximadamente um dia em cada casa.

Nessas estadas, conversei longamente com alunos, seus pais, irmãos e outros parentes, alguns deles na iminência de também migrar para São Paulo. Reencontrei ex-alunos do supletivo que retornaram à sua área de origem. E conheci trabalhadores rurais, agentes de saúde e professores, inclusive alguns que primeiro ensinaram as letras aos meus alunos. Estive nas roças onde cresceram e nas escolas rurais onde estudaram.

Minha intenção era colher impressões dos habitantes do sertão que contribuíssem para um olhar multifacetado sobre a vida social e as transformações que ela tem sofrido. Foquei o lugar ocupado pela escola entre as instituições formadoras naquelas áreas rurais e as migrações para São Paulo, seus motivos e impactos sobre a região. Acabei por conhecer algo sobre o papel social e econômico dos grupos familiares, a formação distanciada das letras, o trabalho agrícola, as relações com as áreas urbanas e a geografia da região.

Os sentidos assumidos por epifenômenos como o precoce afastamento das crianças das escolas rurais e a tradição migratória estão frequentemente indisponíveis ao educador de vista urbana. A passagem para o outro lado revelou os bastidores biográficos da vida contemporânea dos alunos do supletivo e, assim espero, permitiu novas reflexões sobre o valor de uma escola urbana para migrantes sertanejos[9].

Ao contrário do que eu inicialmente planejara, optei por não gravar entrevistas. O transcorrer da viagem levou-me a questionar a adequação desse método para o caso de encontros inéditos e relativamente fortuitos com aquela gente. A permanência em cada casa pareceu curta para comportar mais do que observações e conversas geradoras de uma proximidade sem a qual um depoimento formal poderia parecer um expediente de superioridade por parte do pesquisador (Gonçalves Filho, 2003). O olhar e a escuta supostamente preliminares se converteram em fazer definitivo. A presença de um gravador poderia não apenas gerar embaraços, como talvez colocasse a perder o que houvesse de espontaneidade naqueles encontros. As informações e expressões mais valiosas para a pesquisa vieram por prosas afeitas à informalidade, desenroladas no tempo largo de uma caminhada, do preparo de um almoço e de um descanso na sala, sob a luz de um candeeiro. Instantes em que os sertanejos ofereciam fendas para que eu penetrasse seu recato. Intuí que saberia mais sobre eles mediante a conversa fiada.

As perguntas que pretendia fazer realizei-as informalmente. Elas foram calçadas por longos registros de conversas, acontecimentos, informações e reflexões em um diário de campo.

A viagem arrastou da cidade ao sertão o relacionamento entre alguns alunos e este seu professor. Ela não assumiu o caráter de uma aventura do estrangeiro solitário em terras inóspitas. Antes, desdobrou para a paisagem original dos estudantes uma parceria previamente estabelecida na escola, nos grupos de conversa e nas entrevistas individuais.

Geograficamente, retornei. Trouxe, na ponta da língua e cheia de sentidos, a expressão muitas vezes ouvida quando pedia aos alunos do supletivo que escrevessem sobre novos saberes: "Tá tudo aqui na cabeça; difícil é colocar no papel".

NOTAS

1 Esse momento de transição já gerou fatos inusitados. Houve uma ocasião em que, sensível à mudança de turno, uma menina, aluna do curso regular, quis saber da mãe: "Quando eu for grande, também vou ser do supletivo?" A estranheza que estudantes adultos frequentemente despertam em crianças paulistanas pertencentes às classes média e alta igualmente se revelou quando, certa vez, contei a uma menina de 5 anos, também do curso regular, que os alunos da noite não haviam estado na escola quando crianças. Ao que ela deduziu: "Igual o Pinóquio!"

2 *Xerete!* Boletim informativo do curso supletivo do Colégio Santa Cruz (n. 161, jan. 2008).

3 As funções exercidas em residências e condomínios eram de empregados domésticos, zeladores, vigilantes, faxineiros, motoristas e jardineiros. No comércio e na prestação de serviços, eram *office-boys*, motoqueiros, balconistas, caixas, auxiliares (de administração, contabilidade, enfermagem e escritórios), mecânicos de automóveis, motoristas e cobradores de ônibus, barbeiros e cabeleireiros, garçons e cozinheiros.

4 O abandono dos cursos e programas de Educação de Jovens e Adultos pelos alunos é um dos grandes problemas enfrentados em todos os países onde esse setor vem se desenvolvendo (Kleiman, 2001). No Capítulo III, falaremos sobre esse fenômeno.

5 Ao longo do texto, as falas dos alunos em situações ocorridas na escola serão reproduzidas tal como as registrei em um diário de campo elaborado durante a participação no supletivo (ver o item "Trajetos da pesquisa" deste capítulo, página 46).

6 Darcy Ribeiro (1996, p. 340) assim define a cultura sertaneja: "Marcada por sua especialização ao pastoreio, por sua dispersão espacial e por traços característicos identificáveis no modo de vida, na organização da família, na estruturação do poder, na vestimenta típica, nos folguedos estacionais, na dieta, na culinária, na visão de mundo e numa religiosidade propensa ao messianismo".

7 Levantamento realizado em 2005 pelo Instituto Paulo Montenegro e pela ONG Ação Educativa.

8 As considerações de Jean-Claude Bernardet (2003, pp. 23-4), realizadas em um campo estético e epistêmico próprio ao documentário, esclarecem os mecanismos por meio dos quais operam os processos de tipificação: "O tipo sociológico, uma abstração, é revestido pelas aparências concretas da matéria-prima tirada das pessoas, o que resulta num personagem dramático. Tais pessoas não têm responsabilidade no tipo sociológico e na personagem dramática que resulta da montagem. E, mais uma vez, para que funcione esse sistema, é necessário que da pessoa se retenham os elementos, e apenas eles, úteis para a construção do tipo. [...] Ficamos com a impressão de perfeita harmonia entre o tipo e a pessoa, quando o tipo – abstrato e geral – é todo-poderoso diante da pessoa singular que ele aniquila".

9 Aqui, pela primeira vez, faço uso do termo "sertanejos" como referência específica aos alunos tremedalenses, belo-campenses e paraisenses do supletivo. A escolha foi submetida a esses estudantes e contou com sua anuência.

CAPÍTULO 2

VIAGEM AO SERTÃO[1]

Cerca de 1.400 quilômetros separam São Paulo e Tremedal. Realizei essa travessia ao lado de Márcia e Vanúzio, alunos do supletivo que há alguns anos deixaram aquele município. Como têm feito, aproveitavam as férias simultâneas do trabalho e da escola para ir ao encontro de seus pais e irmãos.

Nosso itinerário recolheu o cenário paulistano à memória e cortou Minas Gerais. Transcorridas mais de vinte horas de prosa, o Vale do Jequitinhonha fez a transição do cerrado à caatinga, noticiando a aproximação da terra natal de meus parceiros de viagem. Conforme avançávamos, a paisagem recompunha a seus olhos o cenário familiar. A imagem do lugar de origem era, para eles, um quebra-cabeça muitas vezes já montado e desmontado. E o encaixe de novas peças ora suscitava indagações a mim dirigidas: "O professor já comeu amendoim na casca?"; "Já viu coco licuri?";

"E feijão-andu, conhece?"; "Sabe o que é pecado-pelado?"; "E mata-burro?"

Um sentimento de estar em casa tomava conta de meus companheiros e anunciava a inversão de nossa condição de nativos e estrangeiros. Agora, era eu quem desconhecia o meio, seus quadros sociais e naturais.

Quando enfim transpusemos a última divisa de estados de nosso percurso, Márcia, que durante todo o tempo estivera no banco de trás, reclinou-se para a frente. Cabeça e dorso ao lado do motorista, anunciou efusiva: "Professor, seja bem-vindo à Bahia!"

As semanas seguintes seriam de experiências do outro lado da fronteira.

A ACOLHIDA AO VISITANTE

Tremedal, Belo Campo e São João do Paraíso são municípios grandes e pouco povoados. Quando lá estive, a paisagem era dominada pelo cinza dos galhos secos e espinhosos, apenas interrompido, aqui e ali, pelo verde dos cactos insistentes.

De uma casa a outra, percorri estradas de terra, areia e pedras que cortam a caatinga, muitas vezes sem deparar com vivalma por longas distâncias. De tempos em tempos, o vagar de rebanhos macilentos impunha ao motor do automóvel o compasso do trote lento. Então, seguíamos em fila: o gado tornado esquálido pela incipiente sustância da palma, o sertanejo trepado sobre o jerico e o pesquisador itinerante em sua máquina. Íamos até que a vegetação oferecesse um recuo às reses e lembrasse o caráter provisório de nossa caravana. Vinha a ultrapassagem, o aceno do boiadeiro e, assim como o metal e o uivo do automóvel, experimentava eu mesmo o olhar interrogativo dos seres do sertão.

Ao longo dessas estradas, casas surgiam esparsas, envoltas por cercas de troncos justapostos que também circunscreviam uma cisterna e, vez ou outra, um pequeno engenho. O sol, a poeira e um recolhimento próprio ao jeito de ser das pessoas do lugar tornavam cerradas as portas e as janelas. A impressão de habitação sugerida pelo esmero das moradias raramente se confirmava. Quando alguém se afigurava, um sinal discreto de sobrolho bastava para eu ser entendido como gente carente de direção. Então, eram-me dadas guias bem cuidadas, apoiadas sobre elementos da paisagem muitas vezes imperceptíveis à sensibilidade de um homem da cidade. Nada das explicações mínimas e frias de quem mais quisesse livrar-se do estrangeiro importuno. Em vez disso, vinham orientações lapidadas pelo apreço de quem toma para si o desejo de que o outro alcance o destino nesse mundo seu.

As agruras inerentes ao propósito de visitar algumas famílias da região foram abrandadas por que, apesar das distâncias, todos se conheciam. Mais de uma vez, estando enfim na casa almejada, vi chegar a pessoa que havia pouco me orientara. Nessas ocasiões, sua visita valia como pretexto para sondar os porquês da presença do forasteiro e colher os louros que, afinal, também pertencem ao informante do viajante bem-sucedido.

Perdido em meio às estradas que cortam a caatinga, diversas vezes temi não mais encontrar uma saída. Era dominado pela sensação de que as gotas que deslizavam por minha pele em resposta ao calor diluíam-se na fria transpiração de quem se acha em perigo, como se então um suadouro amornado me recobrisse. A poeira apertava o nó da garganta e vinham à mente as alegações que eu daria aos alunos para não ter cumprido o trato de aparecer na casa de suas famílias. Nenhuma delas, no entanto, deixei de finalmente encontrar.

Ainda esbaforidas, porém já aliviadas, as narrativas desses percalços à gente do lugar provocavam risos que sugeriam minha ingenuidade acerca daquele mundo. Eles deixavam no ar que, no sertão, o homem urbano é antes de tudo um frágil.

* * *

D. Joaquina, Seu Duda e D. Júlia, da Terra Vermelha; Alfredo, da Baixa do Arroz; Dé de Augusto, da Lagoa da Suçuarana; Dilson e Diná, da Jiboia; D. Mera, da Lagoa do Silvério; Seu Flávio e D. Vanir, do Timbó; Sr. Arlindo, da Colônia; Sr. Lindolfo, D. Melânia, Zé Matias e Dalva, da Mimoso; Tó e D. Jovina, da Lagoa dos Angicos. A referência de que eu dispunha para chegar à casa dos pais dos alunos do supletivo era o nome das fazendas onde viviam.

Nas áreas visitadas, diferentemente do que ocorre em outras regiões do país, o que chamam de fazenda não equivale a uma propriedade particular, mas a uma localidade onde se justapõem as terras de diferentes famílias. Em alguns casos, há um núcleo central onde pode haver uma escola, uma igreja e alguns bares nos quais os homens costumam reunir-se à volta de indefectíveis mesas de sinuca.

Essas unidades territoriais guardam afinidades com os bairros que Antonio Candido (2001, p. 81) um dia conheceu nas áreas rurais do interior paulista:

> [...] agrupamento de algumas ou muitas famílias, mais ou menos vinculadas pelo sentimento de localidade, pela convivência, pelas práticas de auxílio mútuo e pelas atividades lúdico-religiosas. As habitações podem estar próximas umas das outras, sugerindo por vezes um esboço de povoado ralo; e podem estar de tal modo afastadas que o observador muitas vezes não discerne, nas casas isoladas que topa a certos intervalos, a unidade que as congrega.

E ainda sobre os bairros (2001, p. 84): "[...] a porção de terra a que os moradores têm consciência de pertencer, formando uma certa unidade diferente das outras. A convivência entre eles decorre da proximidade física e da necessidade de cooperação".

Eu não marcara datas precisas para as visitas às fazendas que compunham meu roteiro, mas os moradores e os alunos que por lá se encontravam sabiam da iminente chegada do professor mambembe. Assim, contei com o conforto de um aguardo que, entretanto, não desmanchava o cotidiano mais espontâneo. Fui acolhido como poucas vezes nesta vida.

Os alunos do supletivo, seus pais e irmãos não puderam, tampouco tentaram, esconder o orgulho em receber na própria casa o professor vindo de São Paulo. O fato de o visitante ter se movido pelo puro interesse de conhecê-los contribuiu para o clima de informalidade reinante em nossos encontros. Ele não vinha para ensinar o desconhecido, mas para conhecer o que houvesse de mais familiar. No dizer do pai de uma aluna à filha, "nem parecia professor".

Um conjunto de rituais mais ou menos uniformes seguia a minha chegada: o convite para entrar, lavar as mãos na água reservada em uma pia e aprochegar-se para uma prosa, molhada pelo cafezinho e pontuada pelos biscoitos de goma; a banda pelo entorno para conhecer a vizinhança, o plantio, o açude, o engenho e a escola onde primeiro estudou o aluno do supletivo nascido no lugar; o retorno a casa para o almoço farto, depois do que a conversa se desenrolava ao longe.

Durante essas estadas, os fatos iam se dando sem prévias combinações, revelando um modo de acolher intrínseco ao jeito de ser do sertanejo. E os costumes são como certezas. Tanto assim que a mãe de um aluno espantou-se com o pedido de um café amargo vindo do hóspede que, àquela altura de sua jornada, já se enfastiara com o doce das bebidas do lugar: "Você é diabético?" Igualmente, os donos da casa não julgavam necessário perguntar se eu gostaria de almoçar ou dormir em sua casa. As refeições e os pernoites eram inerentes à ideia do que fosse uma visita.

Após um passeio pelos arredores da Fazenda Timbó, em Belo Campo, o cheiro vindo da cozinha da casa de Nilda e Nilsa, alunas que lá me receberam, informou a proximidade do almoço. Sem termos nem cogitado minha permanência, quiseram saber: "O professor quer tomar banho agora ou vai deixar pra noite?"

Marquei de encontrar Dilson, cunhado da aluna Ana, na feira de Tremedal. De lá, tomaríamos o rumo de sua casa, na Fazenda Jiboia. Nem havíamos deixado o asfalto que marcava os limites da área urbana, e ele achou por bem prevenir-me: "Hoje, você não volta mais aqui…"

Era uma terça-feira quando estive na casa dos pais de outra aluna, Geni, na Fazenda Mimoso, em São João do Paraíso. Quando anunciei minha partida, seu irmão Nei perguntou, surpreso: "Você não vai ficar pra festa de bodas dos meus pais?" Esperava que eu permanecesse para a celebração que aconteceria no sábado.

Essa acolhida ao viajante refletia o espírito de solidariedade de uma população dispersa por áreas extensas, nas quais cada homem depende do amparo direto de seus semelhantes.

Como no Antigo Testamento, em que a acolhida do povo de Israel ao estrangeiro é associada à memória de sua própria condição estrangeira na terra do Egito, a hospitalidade que os sertanejos me reservavam parecia assentar-se sobre a situação de seus familiares migrantes. Era como se a proteção ao viajante reassegurasse a fé em um Deus que tem, igualmente, protegido aos seus em terras distantes. O acolhimento assumia um traço religioso (Dornelas, 2007).

Embora as leituras de Oswaldo Elias Xidieh (1993) já tivessem advertido sobre a hospitalidade do homem rústico, sua receptividade pegou-me desprevenido. Às vésperas da viagem, quando os alunos sugeriram que eu passasse pela casa dos pais, pensei que falassem o idioma urbano: que eu fizesse uma visita de uma hora, quem sabe duas, tomasse um café, talvez outro mais. Porém, onde prevalece uma ética teológica a passada é uma estada.

Esse desencontro entre minhas expectativas e a experiência em curso lançou luz sobre as diferentes temporalidades do campo e da cidade. O sertanejo vive no aguardo: das águas, da seca, do plantio, da colheita, do abate, do agricultor que foi ao roçado, do migrante que foi à cidade. O tempo cíclico da cultura popular é marcado pela espera do retorno de situações e atos que, em sua repetência, adquirem valor para o grupo social (Bosi, A., 1987). Compassados pelo aguardo, os dias na roça são duradouros. A vida se oferece à preguiça, à distensão e ao lento caminhar.

A fim de cumprir o propósito de visitar as famílias de todos os alunos que me convidaram a fazê-lo no tempo de que eu dispunha para a viagem, não poderia permanecer mais do que um dia em cada fazenda. A ligeireza de minhas escalas agravou-se quando do contraste entre a urgência de meus passos e o ritmo da vida no lugar. Abandonei o intuito das entrevistas, temeroso de que a combinação entre a escassez de tempo para uma aproximação informal e a gravação da conversa não apenas tornasse as entrevistas invasivas, como também atribuísse um caráter pragmático à visitação. A conduta utilitária de quem chega, pergunta, registra e parte violaria a acolhida, elemento visceral do modo sertanejo. Alguma compreensão que eu pudesse alcançar sobre a vida na região seria favorecida pelo ingresso na fluência de seu tempo.

Parecem não ter sido suficientes meus esforços de homem urbano para transformar a passagem em permanência. Minha estada foi considerada excessivamente breve por todos os anfitriões. Para eles, não havia motivos que justificassem tão efêmera convivência.

A poeira levantada por minha partida mal ofuscava a visão das famílias pelo espelho retrovisor e meu lamento pelo adeus se atenuava pela certeza de que seu adiamento seria em vão. Uns dias mais e minha permanência continuaria a ser um pequeno ponto na amplidão do tempo sertanejo.

* * *

Quando de nossa chegada a Tremedal, Vanúzio assim apresentou-me à sua família: "Este aqui é o professor". E assim passei a ser chamado por seus pais, irmãos e por um cunhado, ele mesmo experiente docente da rede municipal. A alcunha se dispersou de tal modo que, adiante, eu ouviria o chamado de um dos ébrios *habitués* do bar vizinho a casa: "Venha tomar uma com a gente, professor!"

Até essa viagem, excetuando as reuniões dedicadas aos grupos de conversa, meus encontros com tremedalenses, belo-campenses e paraisenses haviam ocorrido em um colégio onde éramos professor e alunos. Nosso relacionamento, portanto, fora regido por finalidades pedagógicas e códigos de conduta escolares. Durante a viagem, em contrapartida, conheci seus familiares e as casas onde viveram. Dividimos fome, sede, calor, fastio e sono. Sentamos à mesa e dormimos sob o mesmo teto. A transposição de nossas relações correspondeu à passagem da esfera pública à intimidade.

O itinerário da escola ao sertão conduziu o vocábulo "professor" de uma instância em que ele nomeia a incumbência do ensino formal para contextos nos quais, tornado codinome, já não oferecia moldes institucionais ou hierárquicos às relações. Assim como Vanúzio se transformara em Vânu, e Márcia passara a responder por Bina, "professor" tornou-se o apelido do hóspede de algumas famílias.

Na cultura popular, a identidade da origem de todos os seres funda o senso de justiça, colocando todos os homens – inclusive os professores! – na condição primeira de filhos de Deus. Complementar à hospitalidade do sertanejo, esse valor, chamado por Xidieh (1993) de "igualdade primordial", assumia uma dimensão sagrada.

Embora o termo "professor" nomeasse alguém que se integrava às relações informais, também deixava transparecer alguma distinção do visitante assim apelidado. Esse paradoxo mereceu diversas traduções nos acontecimentos vividos.

Em algumas casas, o almoço convocou gente vizinha. Nessas ocasiões, era comum que os convivas fizessem o prato diretamente das panelas e comessem espalhados por sofás, parapeitos de janelas, muretas de varandas. A mim, no entanto, a comida era servida em travessas e uma mesa convidava ao apoio do prato. Aconteceu de a melancia, que todos comiam em fatias seguradas pela casca, chegar-me picada no prato. E do mel, por todos sorvido diretamente dos favos, ser-me entregue em uma cumbuca. Quando findo o dia, mais de uma vez ofereceram-me o pouso na cama dos donos da casa que, então, recolheram-se a outro cômodo.

Esses momentos lembravam minha condição de estrangeiro e desfaziam o que pudesse haver de ingenuidade em um homem que, de tão à vontade, pensa ter sido alçado à invisibilidade.

Eu poderia jurar que minha presença passara despercebida no torneio de futebol ocorrido próximo à Fazenda Timbó, em Belo Campo. Até saber por Nilda, minha aluna anfitriã, que nos dias seguintes alguns dos presentes a indagaram a respeito daquele "rapaz branquinho" que do nada aparecera. Ao tomar conhecimento desse fato, dei-me conta de que Malinowski não soube o que dele disseram, após sua partida, os argonautas do Pacífico Ocidental.

O contato escolar com adultos trabalhadores já fizera crer, e a viagem veio endossar, que a fruição das diferenças entre os homens reclama situações em que eles podem relacionar-se em planos igualitários. Condições, por exemplo, em que um viajante pode sentir-se um "igual, porém distinto".

O momento de minha partida de uma das casas conferiu nitidez ao contraste existente entre as diferenças e as desigualdades. Eu passara o dia em companhia da família de uma aluna. Quando já nos despedíamos, uma irmã que com ela vivia em um bairro paulistano em processo de favelização sugeriu: "A gente pode combinar alguma coisa em São Paulo". A aluna, feições sugestivas de que a irmã dissera algo indevido, antecipou-se: "Até parece que lá a gente vai se encontrar... Você acha que eu vou convidar o professor para aquele lugar onde a gente mora?" E, ainda que eu tivesse sugerido que, "sim, eu adoraria", veio a advertência acachapante: "Lá, eu não te convido". Minha partida daquela fazenda colocava um ponto final em nossa amizade.

Diversos alunos cuja terra de origem visitei convidaram-me à sua casa paulistana. Esses chamados fizeram pensar que meu interesse por suas histórias acabou por converter-me em um homem urbano que os conhece em mais alto grau. A cumplicidade que vivemos entre seus familiares sertanejos, em meio aos quais éramos os únicos a compartilhar o cotidiano escolar paulistano, vem se reconstituindo nos momentos em que temos nos encontrado no supletivo ou em outras esferas urbanas. Afinal, com exceção dos conterrâneos entre si, apenas nós dividimos a experiência de termos estado juntos no sertão.

No retorno a São Paulo, reencontrei uma aluna paraisense que não havia estado na casa de sua família quando por lá passei. Ela quis meu imediato parecer: "Agora me diz, professor: dá pra não ir embora de lá?" Ao final, chamou-me a conhecer a morada de quarto-e-sala que divide com dois irmãos, no bairro de Vila Joaniza: "Agora que você conhece onde eu morava na roça, vai lá pra ver a casa onde eu moro e poder comparar. Mas não vá estranhar!"

Embora alguns alunos tivessem previamente mencionado a carência material que afeta seu lugar de origem, nenhum se ocupou em prevenir-me de impactos que eu pudesse sofrer pela estada em moradias sertanejas. Lá chegando, também não escutei a já consagrada sentença com que fui recebido por uma aluna tremedalense em sua casa paulistana: "Não repare, é casa de pobre".

Essa expressão não equivale a um atributo intrínseco às condições materiais da habitação. O sentimento de pobreza irrompe quando as janelas se abrem para uma paisagem marcada pela conversão das diferenças em índices de uma desigualdade impeditiva de proximidade. Por mais sólida que seja a laje de uma casa, ela designa pobreza se não puder fazer sombra aos homens reunidos.

Entendi o pedido dos alunos para que eu não estranhasse sua morada paulistana como contendas para apaziguar as ameaças que pudessem pairar sobre nossa amizade. Quando abriram as portas, não suspeitavam que, se estávamos juntos, era também pela possibilidade de nos estranharmos.

VIDA SOCIAL E ECONÔMICA DAS FAZENDAS

Os pais de alunos do supletivo que conheci durante a viagem a Tremedal, Belo Campo e São João do Paraíso concentravam-se na faixa etária que ia dos 60 aos 80 anos. Nasceram, quase todos, nas fazendas onde viviam. Em suas terras, aprenderam o cultivo de gêneros outrora levados ao comércio e agora geralmente restritos ao consumo próprio. Essa gente integrava o terço da população aposentada de seus municípios.

Duas décadas antes, quando os alunos do supletivo eram crianças ou adolescentes, não havia energia elétrica e telefones públicos naquelas fazendas. Sua desarticulação da vida social e econômica do entorno também se acentuava pela inexistência de estradas abertas à área urbana. Para alcançar o comércio ou o posto médico, era preciso percorrer picadas a pé, a charrete ou em lombo de jumento. Esse isolamento se multiplicava porque as sedes dos municípios não eram, elas mesmas, ligadas por asfalto às cidades vizinhas. O povoamento dispersivo e o ajustamento do sertanejo ao meio promoviam uma vida autossuficiente. Havia garantias de um excedente de produção agrícola gerador de um mínimo rendimento. A lavoura e a criação convocavam todos os membros da família à mão de obra, sem que houvesse restrição de gênero. Pais e filhos saíam cedo para o roçado, onde eram cultivados víveres como feijão, milho, mandioca, cana-de-açúcar, mamona e algodão. Em casa, permanecia apenas a mãe ou alguma de suas filhas a quem coubessem os serviços domésticos e os cuidados dos mais novos. Na medida permitida pelo corpo, as crianças iam sendo lentamente integradas ao grupo de trabalho.

Começavam, por exemplo, peneirando o feijão e, com cerca de 10 anos, estavam aptas a ajudar no preparo da terra, no plantio e na colheita.

Essa dinâmica social é a mesma que encontramos em áreas rurais de diversas regiões do país. Fiquemos com o didatismo de José, aluno do supletivo nascido em Alto Longá, no Piauí:

> *O filho do nordestino começa a trabalhar no dia em que começa a andar. Começou a andar e o pai já manda fazer alguma coisinha. Depois, vai ficando maior, vai aumentando o serviço e os preguiçosos sofrem. Porque tem muita coisa pra criança fazer em termos de trabalho. Criança naquele lugar carregava água do rio que fica perto, caçava jumento. O jumento era muito útil pra carregar pedra, madeira e palha de carnaúba. E quem dava conta desses jumentos eram os meninos: procurar eles cedo, trazer pra casa, pôr a cangalha pra trabalhar. Na roça, os meninos cavavam buracos pra fazer cerca, capinavam mato, semeavam legumes. É um serviço bom pra criança, porque pra elas não doem as costas.*

Ouçamos agora Denílson, aluno nascido em São Sebastião, Estado de Alagoas:

> *Eu comecei trabalhando com 10 anos. Tinha uns canteiros de fumo. E eu trabalhava igual meu pai. Ele deixava pouca coisa pra mim, mas eu já estava ajudando, remontando o canteiro. Recolhia o fumo, pisava nele, esbagaçava. Depois, com 12 ou 13 anos, ele me levava pra cortar cana. Eu mal podia cortar, mas estava ajudando. No final da tarde, quando somavam os metros de cana, eu tinha ajudado. Nunca levei isso pro lado de "meu pai está me explorando". Sempre levei pela necessidade. A gente precisava. E quando eu trabalhava as coisas eram mais fartas.*

Os primeiros grupos de participação dos alunos do supletivo estavam organizados sobre laços familiares que também amarravam as relações de trabalho. O parentesco e a faina se fundiam para compor a mínima unidade da vida social e econômica. Em seu âmbito, os saberes eram transmitidos entre as gerações. As famílias, instituições formadoras no meio rural, vinculavam os homens ao solo, à água, às plantas e aos animais. Enfim, fortaleciam sua simbiose com a natureza.

Essa contribuição precoce à subsistência dos grupos familiares era incompatível com a frequência sistemática a uma escola. Os estudos representavam o avesso das mais úteis e urgentes atividades, em torno das quais se estruturava a cultura sertaneja.

Um dia ouvi de Marcos, aluno cuja família viveu em Serinhaém, Pernambuco:

> *Eu não gostava de trabalhar naquele serviço. Aquela palha de cana começava a me cortar. Era uma coisa terrível, que até hoje eu lembro. Mas compreendo o lado dos meus pais. O que eles ganhavam não dava e, como eu era o filho mais velho, então eles achavam que com 9 anos eu já era homem. E eu fazia o máximo pra ir pra escola que era pra não trabalhar. Não é que eu gostava de estudar. É que eu não gostava de trabalhar. Por isso que eu chorava pra ir pra escola.*

Quando os alunos tremedalenses, belo-campenses e paraisenses eram crianças ou adolescentes, a forma de vida das famílias dos pequenos agricultores começou a sofrer mudanças. A roça que conheci, portanto, já não era a mesma.

As condições de vida nas fazendas foram modificadas por obras de infraestrutura realizadas tempos depois que a maioria dos estudantes do supletivo não mais se encontrava por lá. Redes de encanamento vieram a abastecer as torneiras, e cisternas passaram a captar a água da chuva que escorre pelo telhado. Parcela significativa das áreas rurais passou a contar com energia elétrica e disseminaram-se as placas de energia solar[2]. As antigas moradias de pau a pique – enchimento, no dizer local – foram substituídas por casas de alvenaria. Essas reformas, somadas às visitas periódicas de agentes de saúde, colaboraram para a profilaxia do barbeiro transmissor da doença de Chagas. Não há aluno nascido nessas regiões que não tenha para contar o caso de algum parente vitimado por essa parasitose.

Embora parte dos sertanejos com quem conversei reconhecesse essas melhorias, eles também apontaram o concomitante definhamento do trabalho rural e o declínio do modo de vida a ele associado.

Na conta do cultivo foram incluídos os riscos crescentes de fracasso do plantio. As mudanças climáticas ocorridas na região desfizeram a regularidade das estações e puseram fim à pontualidade das épocas de chuva e de seca. Persistem vestígios dos anos em que setembro e outubro eram meses de preparo do solo para as águas que se avizinhavam. No entanto, já não existem as mesmas garantias sobre a chegada e o volume das chuvas. Em meio a essas reviravoltas, desapareceram hábitos sertanejos como o plantio no pó, em que a queimada e a semeadura antecipavam as chuvas infalíveis. Para grupos cujas práticas eram ritmadas pelos ciclos hidrológicos e agrícolas, o descompasso da sazonalidade embaralhou a própria existência.

Essas transformações climáticas fizeram minguar os excedentes da lavoura. Colheita satisfatória tornou-se aquela capaz de suprir ao menos o consumo familiar. E a escassez estendeu-se aos alimentos de origem animal. O gado passou a sofrer mais frequentemente com a falta de chuvas, restando-lhe a palma como ração. A caça ao tatu, à perdiz e à codorna, espécies em risco de extinção, tornou-se proibida. As famílias deixaram de satisfazer suas necessidades alimentares de modo autossuficiente e sua economia foi se incorporando ao sistema comercial das cidades.

Essa integração das fazendas às áreas urbanas efetivou-se pela abertura de vias por onde circulam carros que fazem o leva e traz à sede dos municípios, e pela difusão de meios de comunicação de massa a recantos aonde a energia elétrica recentemente não chegava. A articulação da roça à cidade foi assim descrita por Dilson, aquele cunhado de uma aluna: "Quando a gente era tapado, o mundo era sem fim. Agora, o mundo tá logo aí. O mundo tem fim".

O estilo de vida tradicional do sertanejo baseia-se em uma cultura do uso prolongado dos bens. A valorização de sua perenidade está relacionada com as condições econômicas do homem rústico e é marcada pela renovação da utilidade de objetos que, em outras instâncias, são frequentemente considerados descartáveis. As vestes são emendadas e remendadas. A serventia das latas de tinta continua nos baldes e vasos de plantas em que são transformadas. Em uma das casas por onde passei, o principal objeto de decoração era um *banner* de propaganda de xampu, provavelmente posto à parte por um salão de beleza da cidade, que ora pousava sobre a parede da sala. O descarte teve sua vida estendida como enfeite.

Pude notar que a aproximação do campo com a cidade fez essa lógica do usuário sucumbir diante da aparição de bens de consumo outrora desconhecidos. Eles trouxeram consigo novos padrões de comportamento e, assim, colaboraram para transformar o modo de existência do sertanejo.

Nas fazendas onde ainda existiam poços para captação de água, as pessoas já não queriam puxá-la no braço. Quem juntava dinheiro comprava uma bomba.

Em seu último retorno à casa dos pais, Geni, aluna paraisense do supletivo, espantou-se ao descobrir que seus familiares cumpriam de carro o percurso à cidade por toda a vida feito a pé.

Em uma das fazendas de Belo Campo, vi chegar um vaqueiro que, sobre um cavalo, trajava uma camisa da equipe inglesa do Manchester United, além de ostentar um relógio de pulso cujos ponteiros não sabia ler.

Grandiosos aparelhos de som eram notáveis em algumas casas, não raramente em mais de um cômodo. Eram mantidos cobertos com capas plásticas que aludiam à sua escassa utilidade no cotidiano e conservavam sua aparência de seminovos.

Na lógica do usuário, as coisas valem principalmente por suas qualidades naturais. Uma lata vale para acondicionar tinta, terra ou água devido a seu formato e consistência. As características sensíveis determinam a utilidade dos objetos que vêm a satisfazer esta ou aquela necessidade. Definem, enfim, seu valor de uso (Marx, 1973). O que constatei foi a introdução de uma nova modalidade de relacionamento com os objetos, decorrente da absorção das fazendas pela economia mercantil.

Pelo menos dois fatores concorreram para a crescente dependência dos sertanejos em relação ao mercado: alguns bens antes produzidos passaram a ser comprados e cresceu a variedade de manufaturas consumidas. A articulação com as áreas urbanas foi acompanhada por uma ampliação das necessidades do homem rural, que então passou a depender de bens de consumo até então desconhecidos. Esses novos objetos, assim como os víveres outrora colhidos nas próprias terras, já não contavam exclusivamente por seu valor de uso. Sua obtenção passou a dar-se no mercado, no qual um atributo quantitativo, independentemente da utilidade, é acrescido aos objetos. Eles converteram-se em mercadoria.

A produção de um bem demanda um trabalho concreto, criador de seu valor de uso. Também encerra um trabalho abstrato, muscular, qualitativamente idêntico para todos os trabalhadores, criador do valor de troca. Essa abstração das coisas sensíveis representa outra via de ruptura das relações imediatas entre o sertanejo e a natureza. Apoiados por Lucien Goldmann (1967), vemos que esse afastamento não se faz sem consequências para as relações entre os homens das áreas rurais visitadas. No tempo em que a lavoura sustentava a família do agricultor, seu sistema de trabalho, ainda que dependente da venda da colheita, mais se assemelhava ao de um artesão. Em uma área determinada, não havia feijão que dispensasse o da Fazenda Timbó ou milho que substituísse o da Lagoa dos Angicos. À medida que as ofertas expandiram-se, inclusive pela mecanização das grandes propriedades, decresceu a utilidade do produto agrícola. Surgiram alternativas ao feijão do Sr. Flávio da Fazenda Timbó e ao milho de Tó da Lagoa dos Angicos, assim reduzindo seu valor de troca. Os agricultores converteram-se em trabalhadores cuja força e energia já dispunham de substitutos. Foram sendo relegados a um anonimato que faz menção à proletarização do trabalhador rural.

As transformações técnicas do plantio e da colheita nos grandes latifúndios aumentaram a oferta dos diversos gêneros alimentícios, fazendo despencar seu preço. As vendas dos pequenos produtores, como os pais dos nossos alunos, deixaram de compensar os custos do cultivo. Sua situação não foi corrigida por facilidades para obtenção de créditos ou por empreendimentos geradores de avanços tecnológicos que baixassem seus custos de produção[3]. A simultânea ampliação de necessidades do homem rural realçou a insuficiência dos rendimentos familiares. E o desequilíbrio da balança destruiu de vez sua autonomia diante das novas exigências do viver.

Os atuais alunos do supletivo chegaram à juventude nesse momento de crise da tradição de que eram herdeiros. Os vínculos de seus pais com o meio rural persistiram na medida em que eles continuaram a morar nas fazendas e, em alguns casos, a dedicar-se a práticas agrícolas resistentes, porém insuficientes para restabelecer a vida social e econômica familiar. Em contrapartida, não houve articulação do homem rural às esferas profissionais urbanas. Sua integração às cidades manteve-se restrita à participação no comércio. Assim, os mais jovens já não dispunham da solidez de uma tradição rural, tampouco encontravam nichos urbanos que prometessem absorvê-los.

Nos municípios por mim visitados, os postos de trabalho existentes encontravam-se amplamente vinculados à alçada das administrações municipais. Segundo vários informantes, o preenchimento desses cargos obedecia a critérios escusos e as demissões gerais eram práticas correntes a cada eleição.

Merece consideração um traço singular da vida econômica de São João do Paraíso. Em seu entorno, amplas extensões de terras foram adquiridas por famílias paulistas e cobertas por plantações de eucaliptos, o "calipi" no dizer local. No início dos anos 1990, a região converteu-se em polo exportador do óleo extraído de suas folhas e sua madeira passou a ser destinada às carvoarias ali construídas. Nada mais desolador do que os enormes eucaliptais enxertados na natureza. Bichos ali não vivem; pássaros não nidificam, tampouco fazem soar seu canto. O viajante desnorteia-se nas estradas labirínticas que penetram aquelas paisagens uniformes e silenciosas.

Embora fosse grande o número de moradores empregados nos penosos trabalhos de colheita das folhas e produção de carvão, a expansão do eucalipto enxugou os lençóis freáticos e secou algumas nascentes. Em alguns casos, modificou os esquemas cotidianos de quem se valia da água para a vida doméstica ou para o plantio.

Essa é uma situação análoga à que verifiquei em algumas propriedades de Tremedal. Seus donos venderam o solo a empresas que fazem a extração de mármore, assim renunciando para todo sempre ao plantio. Caminhões transportam para longe imensos blocos arrancados à superfície das fazendas, deixando para trás um roto cenário. Segundo um de meus informantes, aos donos dessas terras só restava "abrir um pesque-e-pague".

O eucalipto e o mármore, atividades econômicas que ofereceram paliativos aos moradores da região, paradoxalmente colaboraram para, mais uma vez, aterrar o modo de vida tradicional do sertanejo.

Em todas as regiões por onde andei, a decadência da tradição rural e o implemento do contato com as cidades encontravam-se no centro da crescente atração do homem do campo pela urbanidade.

A percepção da degradação da unidade social e econômica familiar e do distanciamento do homem rural em relação à natureza fez que eu enxergasse um sentido metafórico em uma atividade pedagógica semestralmente proposta aos alunos do supletivo: a construção de terrários em recipientes de vidro. Preenchidos com terra, pedras, plantas e pequenos animais, servem como modelos de um ecossistema. Quando da primeira realização desse experimento, cobrimos nossas miniaturas de ambientes com tampas de vidro; as paredes embaçaram, prejudicando as observações. No semestre seguinte, fizemos a cobertura com redes por cujas malhas o vapor pôde transpor. No retorno da roça à escola, essa troca de material conferia àqueles microambientes um caráter modelar das fazendas visitadas. Assim como a mudança da cobertura dos terrários fez que o vapor deles emanado se integrasse à atmosfera, a vida do homem rural desprendeu-se do solo natal para tomar parte em esferas sociais e econômicas de maior amplitude.

Desde então, os projetos de vida do sertanejo foram deixando de ser pontuados pela próxima colheita e ingressaram em outro tempo social. Com essa modificação de seu modo de vida, também o lugar ocupado pela escola veio a sofrer transformações.

O LUGAR SOCIAL DA ESCOLA

Em minha passagem pelas áreas rurais de Tremedal, Belo Campo e São João do Paraíso, alguns fatos atestaram o histórico distanciamento de seus moradores em relação à escola. Os pais dos alunos do supletivo eram quase todos analfabetos, assim como seus irmãos que permaneceram na roça. Raras vezes sabiam das letras mais do que assinar o próprio nome. Nas casas em que viviam, inexistiam materiais impressos. Por sua vez, as crianças e os adolescentes frequentavam a escola. Essa diferença entre os níveis de alfabetismo das gerações sugere que, ao longo dos anos, a escola passou a ocupar novos espaços naquela sociedade rural.

Nos casos dos estudantes do supletivo, de seus pais e de seus irmãos, o precoce afastamento da escola não se deu somente em virtude de sua participação no trabalho familiar: também decorreu da dificuldade de acesso aos prédios, que é como os sertanejos chamam as unidades de ensino. Em muitos casos, a frequência às aulas dependia de caminhadas extenuantes, submetidas aos rigores do sol forte, da poeira e das noites escuras. Nas circunstâncias em que havia uma escola rural nas proximidades da casa, ela somente se estendia à 4ª série do ensino fundamental. A continuidade dos estudos dependia de impraticáveis deslocamentos diários às áreas urbanas. Nas raras vezes em que havia transporte público, era preciso percorrer longas distâncias através de estradas em péssimas condições.

Em um texto escrito no supletivo, Edilsa (T)[4] (2005) descreveu sua primeira experiência escolar:

Eu fui para a escola com 13 anos e não sabia nem o alfabeto. As professoras falavam que eu tinha força de vontade para aprender. Eu continuo assim. Mas os estudos de lá eram muito atrasados e os alunos estudavam todos juntos, na mesma sala todas as séries. [...] Eu sempre fui muito quieta na escola, não gostava de brincar. Mas, também, andava duas horas para chegar na escola.[5]

Paula (2005), outra estudante tremedalense, contou em uma redação:

Na minha cidade, as crianças iam para a escola depois dos 6 ou 7 anos e eu comecei a estudar depois desta idade. Lá, primeiro as crianças estudavam a Cartilha e apenas até a 4ª série. E não foi diferente comigo. Depois deste período, as crianças tinham que ir estudar na cidade, mas o meu pai não permitia. Então, eu fiquei repetindo a série umas três vezes só para não ficar em casa sem estudar.

Adriana, aluna paraisense, pontuou sua experiência em um de nossos grupos de conversa: "Eu acordava às 4 horas da manhã pra ir pro colégio. Ia de ônibus. Chegava lá e tinha aula só até às 9 horas. E aí eu ficava esperando até o meio-dia para ir embora".

A longa distância da casa à escola compõe a biografia de grande parte dos alunos do supletivo. Esse obstáculo configurava-se, na dinâmica da vida social e econômica das famílias, como um aspecto complementar à circunscrição do cotidiano às áreas de plantio circunvizinhas a suas casas. O papel secundário das escolas era gerado pelo distanciamento físico e pela adesão das crianças ao trabalho familiar e, em sentido inverso, a escassez de unidades de ensino e a tradição agrícola refletiam o lugar marginal do ensino formal. Nas fazendas autossuficientes e isoladas, o conhecimento escolar não era vivido como ausência.

A maioria dos alunos que viveu nesses quadros sociais chegou a ter um primeiro contato com as letras em passagens por escolas rurais ou pelas mãos de alguém que tenha feito a vez de professor. Era prática corrente que famílias vizinhas contratassem alguém para ensinar as letras e os números às crianças da fazenda. Essas iniciativas, no entanto, eram dispendiosas e pouco duradouras. Voltemos a Tremedal, agora pelas palavras escritas por Elcilene (2006): "No ano de 1983, meus pais moravam em um sítio no interior da Bahia. Foi quando estava estudando o abecedário e só estudei um ano nessa escola. Não era um colégio, mas sim a sala de uma casa residencial, improvisada. Não tinha cadeiras, era uma mesa grande e dois bancos de madeira".

Essas primeiras experiências escolares propiciaram algum grau de alfabetização, porém não geraram impulsos que tivessem se desdobrado em práticas sociais letradas. Geralmente, equivaleram a eventos pontuais em meios onde a escola não representava uma continuidade de outras formas de socialização e onde seus ensinamentos pouco repercutiam sobre a participação na sociedade rural.

Valmiro, aluno belo-campense, contou em um grupo de conversa: "Eu procurava livros e ficava sozinho, mas só olhando. Meu irmão e os outros ficavam dando risada de mim, porque eu saía com uns cadernos no meio da rua".

Também em uma reunião de conterrâneos, Edilsa (T) lembrou: "Eu pegava um livro, uma revista, abria e fingia que estava lendo. Pegava e ficava de frente pro espelho, lendo alto, mesmo sem saber ler. Eu achava bonito!"

Na fala de Dernílson, aluno tremedalense, o isolamento das práticas escolares pode ser captado mais no metafórico do que no literal: "A escola só serviu pra ler um pouco e escrever meu nome. Não tive mais conhecimento nenhum. Foi só ler e escrever. E mal. Lá não tinha esses detalhes de escrever com ponto, com vírgula, com acentuação. Era escrever na carreira e pronto".

Conforme revelaram os dados do 5º Indicador Nacional de Alfabetismo Funcional (Inaf) de 2005, uma parcela significativa da população brasileira analfabeta não conviveu, quando criança, com pessoas que tivessem hábitos de leitura e com materiais impressos. Inversamente, era comum que pessoas com mais alto grau de letramento tivessem convivido com usos efetivos da leitura e da escrita nas casas em que passaram a infância. O alfabetismo e a escolaridade dos pais, assim como os usos sociais que fizeram da escrita, estão relacionados com as habilidades e práticas letradas dos filhos.

No âmbito familiar, o letramento se transmite como tradição. E os pais dos alunos do supletivo sempre viveram em grupos nos quais a leitura e a escrita constituíam exceções. Em nossas conversas, seus filhos disseram saber que dificilmente seriam levados à escola pelas mãos de quem jamais esteve em uma sala de aula. Tal esperança incorreria em um paradoxo que Márcia, minha parceira de viagem, compartilhou em um grupo de conversa: "Meus pais não tiveram a oportunidade de estudar. É por isso que meu pai falava: 'A única coisa que a gente pode deixar pra vocês é o estudo'. Porque eles não tinham nada pra deixar de herança".

O incentivo dos pais e a resolução dos problemas de acesso à escola não bastariam aos estudos. Para alguns alunos, a vida chegou a oferecer brechas à vida escolar. Mas elas não tardaram a fechar-se: ora vinha o tempo do plantio, ora os professores partiam para outras regiões. Além disso, durante minha viagem, conversei com adultos cujo abandono da escola deveu-se a castigos impostos por seus professores. O irmão de uma aluna contou, traumatizado, que em seu primeiro dia como estudante foi obrigado a ajoelhar no milho. Assim, sua vida escolar resumiu-se a uma manhã.

O cenário desses tempos idos sofreu modificações relativamente profundas. O 5º Indicador Nacional de Alfabetismo Funcional (Inaf) revelou que as gerações mais jovens de todas as classes sociais brasileiras vêm tendo um contato mais estreito com materiais de leitura do que tiveram seus pais. E, embora esse fenômeno fosse menos significativo na região Nordeste, a urbanização, as exigências de qualificação profissional e a popularização do material impresso ampliaram as práticas sociais de letramento também nas áreas por onde andei.

Durante minha jornada, verifiquei que diversas escolas estavam sendo construídas nas cidades e no campo. Prédios que já existiam passavam por ampliações a fim de estender o ensino médio às áreas rurais. Na zona urbana de Tremedal já existiam duas faculdades. E nos três municípios havia intensa circulação de ônibus que transportavam estudantes das fazendas às cidades. Aos olhos de quem um dia deixou a escola por não dispor de meios de acesso, "desse jeito só não estuda quem não quer".

Nossa aluna Ana teceu seu olhar sobre Tremedal: "Eu invejo as pessoas que vivem lá. A minha professora ensinava numa casa de farinha. Nem tinha colégio. E hoje eu vejo a mordomia dos ônibus passando nas casas pra pegar os alunos. E os professores que precisam ter o segundo grau pra ensinar!"

A construção de unidades de ensino é um passo dado à longa distância em direção a uma escola que promova o engajamento efetivo do sertanejo no mundo letrado. Com a implantação da estrutura escolar, chegou à região o turbilhão de problemas educacionais difusos pelo país. Os alunos com quem conversei lamentavam a ausência sistemática de professores. Estes, por sua vez, queixavam-se dos valores irrisórios de seus honorários, da inexistência de programas de formação docente e dos malabarismos a que eram obrigados para as lides com as classes multisseriadas ainda restantes.

Houve docentes que também mencionaram dificuldades impostas ao trabalho pedagógico por algum grau de permanência dos antigos conflitos entre a escolarização e o trabalho rural. Eles teriam sido agravados pelas mudanças climáticas ocorridas na região. Quando a estação das águas era bem marcada, os professores tinham prévio conhecimento da duração do ano letivo: em outubro, as crianças se afastariam para ajudar as famílias. Com a irregularidade das chuvas, tornou-se igualmente incerto o momento de esvaziamento das salas de aula. Sujeito a trovoadas, o calendário escolar passou a correr sob a iminência de súbitas interrupções.

A escola rural localizada em uma das fazendas por mim visitadas vale como apoio concreto ao cenário que conheci. Ela se restringia à sala da casa de uma moradora analfabeta da comunidade. O pagamento mensal oferecido em troca desse espaço veio de bom grado àquela mulher de 30 anos, viúva e mãe de duas crianças. Na casa não havia energia elétrica. Uma das paredes da sala havia sido coberta por uma lousa e, diante dela, viam-se carteiras coladas umas às outras. Pela manhã, estudavam os "pequenos"; depois do almoço, os "maiores". Ambas as turmas eram formadas por alunos de idades diversas. Todas as aulas estavam a cargo de um professor que vivia na cidade e, quando comparecia, superava em moto própria os trinta quilômetros de terra que separavam a fazenda da área urbana. Por vinte horas de trabalho semanal recebia um salário mínimo mensal.

Essa era uma das unidades que engordavam as estatísticas segundo as quais existiam mais de cinco dezenas de escolas rurais no município. Fui levado a conhecê-la por sobrinhos de duas alunas do supletivo. Como eram dias de férias, as crianças aproveitaram para brincar no espaço das aulas, inclusive com a palmatória por eles convertida em objeto de troça. Esses problemas não cancelam a ascensão da escolaridade e dos conhecimentos letrados na formação das crianças do lugar. A valorização da escola começou a pronunciar-se nos anos 1990. Entre os alunos do supletivo que lá ainda viviam, alguns eram adultos a quem os estudos soavam anacrônicos. Outros poucos chegaram a fruir de benefícios promovidos pela penetração da escola nas áreas rurais. Todos eles, porém, já vislumbravam a migração como alternativa. Ela já atraíra diversos conterrâneos que estudaram no supletivo ou viriam a ser seus colegas.

A TRADIÇÃO MIGRATÓRIA

Quando convidei os alunos tremedalenses, belo-campenses e paraisenses do supletivo para os grupos de conversa que antecederam a viagem, eu pouco sabia a respeito do que o leitor ora conhece sobre a vida social naquelas áreas rurais derramadas na divisa de Minas Gerais e Bahia.

Primeiro, reuni treze alunos vindos de Tremedal em uma sala do colégio para contar sobre meu interesse por suas histórias. Porém, antes de convidá-los para os grupos de conversa, indaguei se desconfiavam do que havia de semelhante entre aqueles que se encontravam ali reunidos. Naquele momento, foi por terra a hipótese de que os estudantes vindos de um mesmo pedaço conhecessem todos uns aos outros. Fui surpreendido pelo fato de que alguns deles ignoravam sua origem comum à de alguns outros colegas. Em noites seguintes, deu-se o mesmo com o pessoal de Belo Campo e de São João do Paraíso.

Os alunos conterrâneos não formavam um núcleo de sociabilidade, como sempre supus. Em muitos casos, suas experiências em áreas rurais de uma mesma região, a migração, a vida urbana e o ingresso na escola compunham trajetórias paralelas. Os grupos de estudantes do supletivo vindos de Tremedal, Belo Campo e São João do Paraíso eram, em alguma medida, inventos da pesquisa.

A inexistência de comunidades de alunos conterrâneos não autorizava a conclusão de que a concentração de tal número de pessoas vindas de uma região específica e remota em uma escola paulistana fosse devida a caprichos do acaso. A viagem permitiu conhecer os fatores determinantes desses conglomerados.

Nas áreas rurais de sua origem, chamou minha atenção a grandiosidade das casas onde, via de regra, agora viviam somente os pais dos alunos e algum irmão solteiro que tivesse permanecido em sua companhia. A amplidão das moradas era sublinhada pelo eco produzido pelas narrativas sobre os tempos em que elas eram repletas de filhos. Os vários cômodos, o quintal, as estradinhas e o roçado foram esvaziados pela partida dos mais jovens. Sua paisagem era como um negativo da migração.

Os alunos do supletivo que vieram de Tremedal, Belo Campo e São João do Paraíso deram continuidade a um fluxo migratório cuja origem remete à década de 1950. Naqueles anos, as secas assolaram os estados nordestinos e o norte de Minas Gerais, empurrando levas numerosas para a região Sudeste do país. Em São Paulo, as expansões da construção civil e da indústria automobilística abriam frentes de trabalho que converteram a cidade no principal destino desses deslocamentos[6].

A zona oeste paulistana era, naquele tempo, composta por brejos, pastagens e vias de terra dos quais emanavam ares rurais. Porém, a paisagem começava a dar lugar a algumas edificações: diversas casas, poucos prédios e o Colégio Santa Cruz, que então se instalava em seu endereço atual[7]. Contingentes de migrantes em busca de emprego foram atraídos para essa região da cidade. Entre eles, os primeiros tremedalenses, belo-campenses e paraisenses que chegaram a São Paulo. Além daqueles que desembarcavam para tomar parte nessas construções, outros assumiam empregos em mansões localizadas nos mais próximos limites de urbanidade. Quando a promessa era de emprego permanente, os chefes das famílias deixavam o sertão em companhia de mulher e filhos. Mais comuns, no entanto, eram os trabalhos provisórios – nesses casos, eles viajavam sozinhos. Passados um ou dois anos, os homens retornavam ao encontro da família.

Embora a agricultura não propiciasse ganhos vultosos aos sertanejos, o desequilíbrio entre necessidades e rendimentos era menos proeminente do que nos tempos que viriam. A mão de obra familiar ainda não se dispersara e os vínculos afetivos do sertanejo com a terra eram vigorosos. Nesse contexto, os anos 1950 viram disseminar-se o costume das estadas temporárias em São Paulo. Alguns ancestrais dos alunos do supletivo viveram na capital paulista naqueles dias.

O Sr. Lindolfo, pai de Geni e avô de Adailton, alunos paraisenses, ajudou a construir os edifícios do condomínio Ilhas do Sul, no Alto da Lapa. O Sr. Alfredo, cunhado da tremedalense Paula, narrou suas lembranças de quando, ainda criança, via o pai circulando a cavalo em vigília da avenida Pedroso de Morais. Acompanhando a família, o menino retornou ao solo natal para, já crescido, passar ele mesmo sucessivas temporadas de trabalho em São Paulo.

Esses primeiros migrantes ainda não dispunham do amparo de uma rede social estável no lugar de destino. Alinhavavam eles mesmos seus primeiros tecidos.

A partir dos anos 1960, o Bar dos Baianos e o Bar Café do Ponto, ambos na avenida Alberto Seabra, no bairro do Alto de Pinheiros, converteram-se em centros da vida social desses conterrâneos. Os dois estabelecimentos permaneciam cheios durante todo o dia. Sob seu teto corriam notícias de vagas para hospedagem e trabalho. Desempregados deixavam seus nomes, no aguardo de moradores que até lá se dirigissem à procura de funcionários. Sem contar a convivência desinteressada propiciada por esses pontos de encontro.

Desde aqueles anos, a rede social de gente vinda de Tremedal, Belo Campo e São João do Paraíso estendeu-se sobre os bairros da zona oeste, como Alto de Pinheiros, Alto da Lapa, Lapa, Pinheiros, Vila Beatriz e Vila Madalena. A colonização desse pedaço da cidade teve origem, portanto, em relações de trabalho que, persistentes, continuam a encorajar o deslocamento de conterrâneos. Essa tradição de residência e emprego na região aglutinou diversos núcleos de tremedalenses, belo-campenses e paraisenses majoritariamente não escolarizados. Anos depois, a abertura de um certo supletivo em uma escola das imediações viria a consolidar-se como tradição secundária entre esses migrantes.

Embora os deslocamentos para São Paulo tenham sido contínuos desde as experiências pioneiras, mudaram os protagonistas do movimento. Eles deixaram de ser os pais de família e passaram a ser os jovens em torno dos 20 anos. Outra transformação notável diz respeito à distribuição topográfica na cidade. Alguns bairros da zona oeste sofreram os impactos da especulação imobiliária. A elevação do valor de locação dos imóveis obrigou muita gente a uma nova dispersão, desta feita para áreas periféricas da cidade[8]. Como as redes de trabalho permaneceram na região, mais longas distâncias passaram a ser diariamente percorridas por quem não dormisse no emprego. Em 2005, também como fruto da mudança de perfil desses bairros, os dois bares da avenida Alberto Seabra baixaram definitivamente as portas[9].

Às transformações relativas à faixa etária e à distribuição desses migrantes na cidade são subjacentes as alterações dos sentidos assumidos pela evasão da paisagem natal e pela inserção na sociedade urbana. As primeiras migrações em alguma medida conciliavam o desejo de incremento financeiro dos sertanejos com as demandas da urbanização e da industrialização. Os deslocamentos posteriores passaram a resultar da degradação social das áreas de origem e relegaram seus protagonistas às agruras da especulação imobiliária, do desemprego e da exigência de qualificação profissional. Historicamente, um fluxo adaptativo deu lugar a migrações frequentemente promotoras de uma inadaptação à sociedade urbana (Martins, 2000). Embora tenha variado seu significado, a dispersão converteu-se em traço cultural dessas populações rurais.

Os alunos do supletivo cresceram em povoamentos dispersos, viveram no entorno das fazendas e não contaram com a socialização em uma escola. Por isso, há conterrâneos que vieram a conhecer-se apenas no supletivo, em alguns casos quando perguntaram a origem do colega; então, revelou-se a coincidência. Outros somente identificaram sua procedência comum quando um professor inventou de reunir os alunos oriundos de uma mesma região. Durante a viagem, verifiquei a proximidade das casas das famílias de alguns colegas tremedalenses que até essa pesquisa não se conheciam.

Em contraponto a essa mobilidade dispersiva dos mais jovens, os homens e mulheres que permaneceram em solo natal, ou há tempos para ele retornaram, conhecem todos uns aos outros. Diversos pais de alunos sabiam quem eram as pessoas cujos nomes constavam em minha relação de visitas a fazer. Seus filhos, em contrapartida, nem suspeitavam quem pudessem ser.

Efeitos do sedentarismo dos mais velhos e do êxodo dos mais jovens, constatei em São Filipe. Nesse distrito de Tremedal vivia D. Helena, mãe da aluna Elcilene. Para ir até lá, contei com a companhia de Zélia, uma ex-aluna do supletivo. Ela não conhecia Elcilene mas, na casa de D. Helena, chamou sua atenção uma fotografia do genro da anfitriã, que, Zélia agora descobria, era irmão de seu cunhado. Mais tarde, quando caminhávamos pelo povoado, uma moradora já idosa interrompeu os passos dessa ex-aluna: "Moça, você não é a filha de seu Tito?"

Eu tinha ciência das relações de parentesco entre alguns alunos conterrâneos. No entanto, o curso da viagem revelou vínculos dos quais jamais suspeitara. Na Fazenda Jiboia, em Tremedal, soube que Diná, cunhada da aluna Ana, foi quem alfabetizou Márcia e Edilsa, estudantes do supletivo, quando ainda meninas. Na casa da mãe de Ildeni e Silvani, duas ex-alunas, na zona urbana de Belo Campo, descobri que outra de suas filhas era Marinalva, moça a quem eu lecionava naquele ano. E, em São João do Paraíso, contaram-me que Marleide, que recentemente interrompera os estudos no supletivo, fora casada com um irmão da aluna Geni.

Minha trajetória pelo sertão lembrava os movimentos de um pescador que, crente de ter encontrado redes há tempos abandonadas sobre a areia, ao arrastá-las descobrisse serem frações emergentes de uma mesma malha.

Naquela primeira ocasião em que reuni os alunos conterrâneos em uma sala da escola, não suspeitava estar diante de gente que se agrupara apenas por meu convite. O fenômeno migratório que concentrara inúmeros conterrâneos no supletivo era, paradoxalmente, a razão para que muitos deles não se conhecessem. A vida deles transcorria como fragmentos resultantes da detonação do chão sertanejo.

* * *

A percepção de que a migração instituiu-se como tradição nas áreas rurais por onde andei não repousou somente sobre a ausência de homens e mulheres entre 20 e 40 anos que ali viviam. Um traço cultural não se desenha apenas por negatividades.

Lendo alguns textos escritos por alunos do supletivo oriundos da região, vemos como as migrações tomaram parte na cultura local. Elas marcam o processo de socialização e cadenciam o tempo das memórias.

Eliene (2006), aluna tremedalense, escreveu sobre a escola rural onde estudou:

Veio uma professora que se chamava Zenaide. Era uma ótima pessoa, simpática, humana. Eu a adorava, porém ficou apenas dez meses e saiu. Ela era tão reconhecida pelos alunos e pais que, no dia que ela foi embora, os pais dos alunos fizeram uma festa para que todos pudéssemos nos despedir dela [...]

> Fiquei tão triste com esse acontecimento que no dia da festa todos os alunos foram e eu não, e passei o dia chorando. Eu não queria despedir-me da minha professora querida! Quando ela voltava da festa, passou em casa para falar comigo e eu fugi para o mato e só voltei depois que ela foi embora. Demorou muito para vir outro professor e quando veio eu já estava aqui. Só voltei a estudar depois dos 16 anos.

A partida para São Paulo interrompeu os impasses da vida escolar. Protelou uma esfera da vida que, quando retomada, não mais pertencia à criança.

No texto de Alceu (2007), outro tremedalense, a partida do pai e dos irmãos mais velhos compassa o ingresso na vida adulta.

> Foi na Bahia, numa época em que meu pai e meus irmãos estavam todos em São Paulo e minha mãe falou que todos os serviços que meu pai e meus irmãos faziam ficaram para mim. Eu que era o homem, então era o responsável. [...]
> Certo dia minha mãe falou de um porco grande e gordo que precisava matar e vender uma parte. E elas, minha mãe e minhas irmãs, nem iam inventar porque elas não tinham força nem destreza para labutar com aquele porco porque ele era grande e tinha muita força. E ela ia pagar um homem para matar e destrinchar o porco para ela. Então eu falei:
> — Deixa comigo! [...]
> Chegou o dia de matar o porco. Eu estava com um começo de gripe. Mas levantei de madrugada, peguei o porco, mas na hora de matar minha mãe veio me ajudar a segurar o animal. Daí eu matei, destrinchei e reparti o que era para vender e o que era para a despensa. Mas durante esse período minha mãe percebeu que eu estava com febre e falou que eu não podia comer a carne do porco. Começou a discussão.
> — Eu vou comer porque é a carne que eu mais gosto.
> — Mas você não pode comer da carne do porco, meu filho!

— Então eu vou jogar bola.

Cheguei às 5 horas com uma fome que estava perdendo até as forças. E falei pra minha mãe:

— Eu vou tomar banho e na volta quero almoçar e jantar ao mesmo tempo.

Quando eu voltei do banho, minha mãe tinha preparado a pratada: feijão, arroz, macarrão, picado de maxixe verde com nata de leite e todos temperados com sal, alho, cebola e coentro verde. E um frango cozido daquele jeito, temperado com alho, folha de cebolinha verde, cominho quente verde, sal e açafrão. Ficou com cor de abóbora. E com a fome que eu estava senti um cheiro inesquecível. Não sei nem explicar como era o cheiro, porque na minha vida nunca senti um cheiro tão gostoso igual tava aquele [...].

Depois de comer eu acendi o candeeiro, fui para o quarto e arrumei a cama. Quando ia apagar o candeeiro, ouvi as pisadas da minha mãe que vinham lá do fundo e veio até a varanda e de lá ela falou:

— Cê tá lembrando que hoje você está aniversariando?

Eu respondi:

— Não... E cadê meu presente?

Ela deu uma risadinha amarela e respondeu:

— O presente eu fiz. Foi a comida que eu preparei especialmente pra você.

E voltou. Eu apaguei o candeeiro e dormi.

Portanto, esse dia era 25 de julho de 1987 ou 1988. Foi o dia do meu aniversário. E foi o dia que eu ganhei o prato de comida que mais marcou minha vida.

A transformação do menino em homem da casa contou com a licença do calendário e com o consentimento da ausência dos mais velhos.

Em algumas fazendas onde nasceram alunos do supletivo, conheci meninos e meninas cujos irmãos, tios e primos naquele momento viviam distantes[10]. Quando muito, retornavam anualmente. Essas crianças cresciam em meio ao vazio deixado por uma geração que trazia notícias periódicas acerca de outro mundo. Embora o afluxo dessas informações tivesse crescido pela abertura de vias de acesso à cidade e pela difusão dos meios de comunicação de massa, as formas de vida urbana tornavam-se mais palpáveis mediante parentes que retornavam em férias. Eles contribuem para um imaginário sobre a vida na cidade que funda o dilema biográfico entre ficar ou partir.

Madalena era criança quando deixou Belo Campo em companhia da família. Em um grupo de conversa, fez referência a esse episódio: "Meu pai me chamou pra contar que a gente vinha e eu fiquei alegre: 'Vou ficar bonita! Vou ficar branca!'"

Edilsa (T) contou algo semelhante:

As pessoas chegam na Bahia todas bonitinhas, cheirosas, bem vestidas. E eu achava que chegava aqui e já voltava rica. Na verdade não é assim. Eu via que as pessoas ficam mais clarinhas, mas é porque a vida aqui é dura, também: lá a gente trabalha na roça, aqui trabalha em casa de família. Mas todos acham que é melhor assim. Então não mostram o que é ruim.

A percepção das divergências entre as imagens transmitidas por quem partiu e os acontecimentos vividos em primeira pessoa revelou a essa aluna as formas de transmissão da cultura migratória.

Ocupado com um contexto diverso, Abdelmalek Sayad (1998) salienta as contradições entre o imaginário e a experiência da migração. Essa duplicidade apenas pode revelar-se àqueles que partiram e, à luz de vivências imediatas, dão-se conta de seu desconhecimento acerca da verdade contida na migração.

Ao participar de momentos da estada temporária de alguns alunos na casa dos pais, pude notar um conjunto de distinções existentes entre os migrantes e seus parentes sedentários. Elas variavam entre as famílias e penetravam diversos meandros de seu jeito de ser e de viver.

O campo e a cidade imprimem marcas distintas ao corpo de seus habitantes. O sol não incide como outrora sobre a pele do homem que passou do sertão à metrópole. A tez então descansa do investimento de seus raios. A calosidade das mãos, embora persista, não mais se renova. Outros são os efeitos dos produtos de limpeza manuseados pelos trabalhadores urbanos que são alunos do supletivo. Nesses casos, a escolarização veio solicitar às mãos a ginástica de habilidades finas bem determinadas: segurar o lápis, manusear a borracha, utilizar a régua, manipular o compasso, pintar, modelar, fazer dobraduras, construir maquetes e operar o microscópio. Ao acompanhar alguns estudantes no uso do computador, pude perceber que os desafios característicos da aprendizagem de novas destrezas pelo adulto acentuam-se quando as mãos que escorregam o *mouse* são as mesmas que empunharam a enxada.

A distinção entre a vida no campo e a vida na cidade também se deixava entrever mediante marcas estéticas distintas. Na roça onde estive, elas mais destoavam entre as mulheres. Encontrei com alunas que vestiam calça *jeans*, blusa agarrada ao corpo e cujos cabelos haviam sido recentemente cuidados. Tinham a companhia de moças que, vez ou outra com lenço na cabeça, vestiam saia e camiseta gastas pelo labor que também esgarçara as roupas dos homens.

Os familiares que vinham da metrópole chegavam às áreas rurais portando objetos urbanos, como aparelhos eletrônicos, roupas, produtos de beleza e brinquedos. Esses bens corroboravam os ganhos financeiros de quem vive na cidade e, geralmente, contribui com o sustento da família sedentária.

Notei que, via de regra, o migrante falava diversamente daqueles que se mantiveram fixos à roça. Variavam os sotaques, o vocabulário e o gestual que acompanhava a oralidade. A fala do morador da cidade costumava contar com o eloquente reforço das mãos, raras vezes presente no jeito recatado do sertanejo.

Minha comunicação com os alunos já contava com o suporte dos termos mediadores de nosso relacionamento citadino. As conversas com alguns pais e irmãos esbarraram em termos incógnitos para nomear os seres e as coisas do mundo. E tropeçaram em seres e coisas do mundo que, desconhecidos de alguma das partes, jamais lhe pediram nomeação. Nessas prosas, os alunos do supletivo fizeram as vezes de tradutores, entendedores que eram das linguagens do visitante e da gente do lugar. Aconteceu de o discurso de um parente ser interrompido: "O professor não sabe o que é adobe..." E, dirigindo-se a mim: "É como se fosse um tijolo, mas é seco no sol: é um tijolo cru". Esse aluno pareceu assim retribuir a uma das pessoas que um dia o ajudara a conhecer os códigos do meio urbano.

Na linguagem oral, as falas das pessoas com diferentes graus de escolaridade estão separadas por uma linha tênue e, embora se entrecruzem, são referidas como culta e popular. Supondo essa hipotética oposição, falantes cultos seriam aqueles capazes de pronunciar seguindo as normas de uma linguagem diversa da que é realmente empregada em situações de interação. Nelas, cabe à fala favorecer o acesso a um grupo social. Assim, um falante culto passa a ser aquele que dispõe de equipamento linguístico para dialogar com interlocutores pertencentes a diversas formações e, mais do que isso, tem consciência de que sua prática oscila conforme as circunstâncias das interações (Preti, 2004).

As diferenças entre meu dialeto e o dos alunos no cotidiano escolar eram fundadas em níveis de escolaridade, graus de letramento, origens e classes sociais diversas. Elas, porém, pareceram abrandadas quando estivemos juntos diante de quem permanecera aderido ao sertão. A proximidade linguística que então experimentamos não derivou de uma súbita semelhança entre nossos léxicos e sintaxes, mas se deveu ao fato de os alunos, sensíveis aos seus interlocutores, terem feito variar suas falas. Colocaram-se, assim, na condição de intérpretes. A escolarização lhes propiciara uma aproximação da condição do falante culto que, definido por Dino Preti, é um "poliglota na própria língua"[11].

Finalmente, a leitura e a escrita destoaram como traços distintivos entre os alunos e seus familiares das áreas rurais. Dilson, aquele cunhado de uma aluna, assim se referiu aos costumes letrados de seus filhos, que concluíram o ensino médio em Tremedal e mudaram para São Paulo: "Os filhos nossos são outra classe".

Pude perceber o interesse dos pais dos alunos pelas práticas letradas dos filhos que retomaram os estudos no supletivo. Levei na bagagem alguns textos escritos em aulas de Língua Portuguesa[12] por estudantes cujas famílias iria visitar. Na casa de seus pais, propus sessões de leitura. Em alguns casos, elas contaram com a voz dos autores; em outras, li eu mesmo os escritos dos alunos distantes. Parte das redações dedicava-se às lembranças das comidas de casa. Outras davam trato às reminiscências de suas primeiras passagens escolares.

A leitura pública era uma forma de comunicação nada usual nos lugares onde estive. E foi envolta por uma atmosfera solene. Nossos esforços pela boa pronúncia foram compatíveis com a atenção e o silêncio dos ouvintes em roda.

Os textos transformaram as casas e as paisagens onde estávamos em ilustrações. E convocaram as pessoas à minha frente a ser seus personagens. Para os pais dos alunos, aquele momento marcou uma experiência rara, quiçá inédita, de contato com a vida escolar de seus filhos. O reconhecimento do mundo mais comezinho posto em letras despertou emoção. O passado familiar, incluindo seus mortos, libertava-se do confinamento à memória volátil do grupo disperso. Por obra do filho escriba, convertia-se em história e assegurava alguma continuidade ao vivido.

Na casa da mãe de Márcia e Edilsa, onde apenas a primeira se encontrava, a leitura das redações das filhas foi pontuada pelos gestos de D. Mera. Eles identificavam os espaços e as coisas citadas. Como no texto de Edilsa (2004): "A casa onde eu vivi a infância era pequena, com varanda, dois quartos. A sala e a cozinha não eram pintadas e nem cimentadas. A cozinha tinha um fogão a lenha, no quintal do fundo tinha um forno para fazer assados".

A varanda, o fogão e o quintal foram apontados pelo dedo indicador. Avançamos no texto: "No quintal da frente, tinha uma árvore bem grande onde amarravam os animais". E D. Mera apontou a sucupira adiante.

Na casa de Eliene, outra tremedalense, foi em torno da mesa da cozinha que sentamos para ler, à mãe e às irmãs, suas lembranças de uma comida da infância. Quando terminamos, D. Joaquina apenas afastou o guardanapo que cobria o doce de leite sobre o qual versavam as memórias escritas. A trivialidade de seu gesto autenticou o texto redigido pela filha.

Voltemos à casa de D. Mera. A leitura vespertina das lembranças gastronômicas de suas filhas acabou por conduzi-la ao fogão, certa de que faria para o jantar a farofa de andu com costelinha frita que acabara de ser servida pelas letras.

Embora eu já tivesse atentado à fartura dos pratos feitos pelos sertanejos, que chegaram a especular sobre minha suposta inapetência, naquela noite espantou-me o tanto de farofa de andu a mim ofertado por mãe e filha. Quando serviram à mesa, julguei ser travessa o que era prato feito. E deliciei-me com aquela iguaria cujo nome, um dia desconhecido, eu já tomara como erro ortográfico e grifara em vermelho no texto de uma aluna.

Os acontecimentos vividos assim retornaram em forma de letras aos lugares de sua origem. E o encontro dos escritos com a matéria que era sua substância fechou o circuito entre referentes e referidos.

Os traços pelos quais os alunos do supletivo distinguiam-se de seus familiares, como as práticas letradas, encontravam-se investidos de prestígio no meio rural. Somados aos rendimentos obtidos pelos migrantes, colaboravam para a construção de representações do mundo urbano que anunciavam contrapartidas às agruras vividas no sertão. Colaboravam para assim perpetuar os mecanismos de reprodução da migração.

O DESENRAIZAMENTO SERTANEJO

Corroborando os processos descritos por Eunice Durham (1973), vimos que a desvalorização dos gêneros agrícolas, a redução dos excedentes do plantio e as transformações climáticas desequilibraram as relações entre a produção e as necessidades dos habitantes das áreas rurais visitadas. Desfez-se a subsistência das fazendas e desmanchou-se a unidade social familiar. Essa crise das formas de existência dos sertanejos, associada à ampliação do contato com as áreas urbanas, deu impulso às levas migratórias em direção a São Paulo. Provisória tornou-se a vida no lugar de nascimento.

De tudo isso, concluímos que a participação dos alunos do supletivo nas estruturas tradicionais da vida sertaneja não foi subitamente interrompida pela migração. Embora a mudança para a cidade tenha promovido seu afastamento do meio rural e colaborado para o esvaziamento do mundo original, as migrações daquelas regiões constituíram um fenômeno secundário. Resultaram do primordial desenraizamento da cultura sertaneja.

Foi Simone Weil (1996, p. 411) que formulou os conceitos antagônicos de enraizamento e desenraizamento.

> O enraizamento é talvez a necessidade mais importante e mais desconhecida da alma humana. É uma das mais difíceis de definir. O ser humano tem uma raiz por sua participação real, ativa e natural na existência de uma coletividade que conserva vivos certos tesouros do passado e certos pressentimentos do futuro.

As heranças do passado de um grupo social podem ser transmitidas como normas, ensinamentos morais e sugestões práticas. Podem assumir formas tangíveis em uma casa que conserva marcas dos antepassados ou na terra por eles revolvida. Também podem vir por meio de palavras que oferecem princípios de vida intelectual, prática, moral e espiritual aos mais novos.

No sertão por onde andei, a falência do trabalho agrícola e as migrações abalaram gravemente as raízes por meio das quais os homens relacionavam-se com o passado. Isso não significa dizer que os ensinamentos dos ancestrais deixaram de ser transmitidos à geração dos nossos alunos. Porém, as tradições chegaram-lhes como elementos de um passado mais contemplado do que assimilado, metabolizado e recriado como apoio a suas iniciativas. Coletividades acometidas pela doença cultural do desenraizamento já não cumprem a função de ligação do passado ao futuro.

Enquanto os jovens partiam, os mais velhos mantinham-se fixos pelas entranhas. Como disseram alguns alunos, "levar os pais à cidade seria apressar sua morte". Entretanto, a decadência da vida rural e a dispersão do grupo original esvaziaram de sentidos os tesouros que teriam a transmitir. Sensíveis às transformações sociais e econômicas, esses sertanejos sabiam que a vida rural dificilmente os faria reaver as famílias dispersas. Em nossas prosas, o tom de alguns pais deixou a impressão de que, a seus olhos, o esgotamento da pequena agricultura confundia-se com seu próprio relevo biográfico. O decréscimo concomitante das energias do corpo e do campo contribuía para a separação entre o homem e a terra. Eles não mais se alimentavam mutuamente como outrora.

Os filhos desses velhos agricultores viveram a infância e a adolescência em meio a esse cenário em que a família se dispersava, o trabalho rural periclitava e o sistema escolar engatinhava. A condição de trabalhadores precoces não anunciava promessas ao futuro e a escola não preenchia um espaço deixado pelo enfraquecimento das tradições agrícolas. O porvir dos jovens moradores encontrava-se desamparado do passado e do presente. E a vida deles transcorria vaga pelo cotidiano das fazendas.

Os alunos do supletivo cresceram sob a tensão gerada pela esgarçadura de um tecido social. A conversão do passado em uma impostura gerou experiências de ruptura biográfica, dimensão psicológica do desenraizamento. Elas produziram existências aéreas, fazendo crer que também a vida humana está sujeita a erosões (Frochtengarten, 2005).

Quando indagados sobre os motivos que pesaram sobre sua decisão de trocar o campo pela cidade, os estudantes oriundos dessas regiões fizeram referência a desejos de "conquista", de "ser alguém", de "alcançar objetivos", de "melhorar de vida". Remexidas, suas expressões primeiro desprenderam um sentido material. Ao passo que é claro o papel desempenhado pelos fatores econômicos na instauração de uma tradição migratória, mais difusas são as imbricações entre a partida e os projetos de escolarização. O capital e os bens de consumo que o migrante pode vir a acessar na cidade oferecem respostas palpáveis a demandas de consumo igualmente tangíveis do homem rural. Inversamente, a leitura e a escrita são bens imponderáveis a quem sempre viveu na roça. Nos casos dos alunos do supletivo, o domínio dessas habilidades pouco pesou como condição para a partida. Tampouco se anunciou como projeto a cumprir na cidade. Quem migrou foi em busca de trabalho, não de estudo.

Assim, apenas quem já se transpôs à sociedade letrada tem sido capaz, à luz retrospectiva de sua experiência, de costurar relações entre a escolaridade e a migração. E, mesmo nesses casos, as relações são obscuras, como bem ilustra uma situação ocorrida durante a viagem.

Em uma das fazendas, lugar distante da área urbana, vivia um garoto de 13 anos que raramente ia à cidade. Não trabalhava na roça e, apesar de frequentar a escola do lugarejo, tinha dificuldade de ler frases simples. Ele pouco se ressentia dessa inabilidade. Onde vivia, dificilmente poderia aludir a motivo para estudar que não fosse o dinheiro que a família recebia do Governo Federal por sua frequência à escola. Era com uma atenção fascinada que ele ouvia as histórias contadas por sua tia, aluna do supletivo, que tinham São Paulo como cenário. Quando essas narrativas descreviam acontecimentos em que a protagonista fizera uso da leitura ou da escrita, conduziam à moral: "Por isso, se você pensa em algum dia ir pra São Paulo, tem que dar valor aos estudos". Quando a ênfase de suas histórias recaía sobre as dificuldades da vida urbana, a mesma moça recomendava: "Por isso você tem que estudar: pra não precisar ir pra São Paulo".

No imaginário dessa aluna, a escola representa uma agência de viabilização de quaisquer projetos pessoais: ora corresponde a uma condição para a partida, ora equivale a um meio de evitá-la. Em ambos os casos, a ênfase valorativa que ela conferia à escola encontrava assento em sua experiência pessoal como trabalhadora urbana e estudante. Possivelmente, envolvia a reprodução de discursos ideológicos que enaltecem a escola como meio de salvação dos moradores da cidade e do campo; remissão dos habitantes deste mundo.

Além de um sentido meramente funcional, temos visto que a migração acabou por oferecer, aos estudantes vindos dessas áreas, alguma saída aos embaraços identitários gerados pelo desenraizamento da cultura rural. Por mais árduas que sejam as condições de vida desses trabalhadores e estudantes, a experiência urbana tem lhes propiciado papéis sociais bem determinados. Um tanto iniciativa, um tanto reação, a migração é um movimento de quem, em seu lugar de origem, dificilmente poderia "melhorar de vida" e diferenciar-se dos outros homens por algo que viesse a fazer.

* * *

Durante a viagem, recebi inúmeras manifestações de gratidão pela visita. Alguns sertanejos indagaram sobre meu possível retorno a suas fazendas. A mãe de uma aluna quis saber por que os outros professores da filha não haviam estado por lá. E o pai de um estudante deixou escapar que minha passagem deixara promessas: "Até que enfim alguém veio ver como estão as coisas por aqui". Foi como se a atenção de um professor paulistano tivesse investido aquela gente de uma dignidade que brota pelo reconhecimento.

Resta especular a respeito do futuro daquelas áreas rurais que ficavam para trás. A valorização e a penetração da escola fazem parte de um contexto social complexo, de modo que seriam ingênuas as tentativas de estabelecer relações mecânicas entre sua expansão e uma eventual contração da tradição migratória. A desaceleração desses fluxos pediria mais investimentos de finanças e tecnologia destinadas aos pequenos agricultores e à geração de empregos nas áreas urbanas. E exigiria uma escola cujos ensinamentos pudessem fazer sentido à participação nesse contexto social.

Antes da viagem, indícios da crise que incide sobre a vida rural daquela região chegavam por meio dos numerosos contingentes de jovens e adultos tremedalenses, belo-campenses e paraisenses que, há mais de duas décadas, afluíam ao supletivo. A passagem para o sertão ofereceu uma visão do ângulo inverso, permitindo observar, do outro lado, a escola paulistana.

Visitei famílias das quais fui professor de até quatro filhos. E estive em distritos e fazendas onde nasceram diversos estudantes do supletivo. Na Fazenda Jiboia, em Tremedal, fui assim apresentado pela sobrinha de uma aluna: "Ele foi professor de Naninha de Orlando, de Eliane de Tidó e das meninas de Mera, lá em São Paulo". E na Fazenda Mimoso, em São João do Paraíso: "Foi professor de Gena, Dê, Maza e de Joelma". Sem contar a Fazenda Timbó, em Belo Campo, onde viveram Adão, Cláudio, Edno, Eva, Fábio, Gilberto, Gilmar, José, Lídia, Luzia, Márcia, Maria, Nilda, Nilsa, Rosânia, Simone, Vitória e dois Jesuínos, todos alunos e ex-alunos de sobrenome Ruas.

Ao final do período em que estive na casa de D. Mera, ela finalmente se deixou fotografar. Para aquele momento especial, apareceu vestindo uma camiseta da pastoral do Colégio Santa Cruz, presente de uma das filhas.

Caminhando pela feira de Tremedal, ouvi súbito chamado, entre interjetivo e interrogativo, de Maria, ex-aluna que retornara ao lugar de origem: "É o professor Fernando?!"

Já às vésperas de minha partida, Lucas, estudante tremedalense cuja estada na cidade eu ignorava, veio à casa que me acolhera naquela noite: "Fiquei sabendo que você estava por aqui..." Na casa de sua cunhada, tive outro encontro inesperado, desta feita com Lia, ex-aluna que retornara.

Tais acontecimentos, vividos em lugarejos a mais de mil quilômetros da escola, sugeriram o encurtamento da distância promovido pela tradição migratória. Revelaram, sobretudo, a centralidade de um colégio paulistano em localidades marcadas pelo desenraizamento da cultura sertaneja e pelo vazio escolar.

Essas situações de efeito embriagante já não permitiam discernir minha exata coordenada no mundo. O endereço do supletivo era o meio do sertão.

Minha partida de São João do Paraíso a São Paulo foi atrasada em alguns minutos. Sentado no banco de uma praça da cidade, permaneci absorto pela cena de crianças uniformizadas que desembarcavam de ônibus sujos de terra. Meu devaneio nublou a cena presente, fazendo restar um olhar estrábico ao passado e ao futuro. Nos meninos e meninas que chegavam à escola, eu via as crianças que nossos alunos adultos um dia não foram. E entrevia os alunos adultos que alguns deles, quem sabe, um dia viriam a ser.

Tudo indicava que chegara a hora de tomar a estrada e cumprir, como caminho de volta, o trajeto que vinha sendo o de tantas idas.

NOTAS

1 As falas recolhidas durante a viagem serão reproduzidas como foram por mim registradas no diário de campo. Todas as narrativas de alunos do supletivo destacadas do corpo do texto foram gravadas em

grupos de conversa ou entrevistas individuais. Portanto, correspondem a transcrições literais daquilo que disseram.

2 A essas benfeitorias todas não poderíamos aludir sem observar que sua distribuição converteu-se em moeda de troca de apoio político. Em Tremedal e Belo Campo, visitei fazendas onde a persistente ausência de luz elétrica e de cisternas foi justificada pelo fato de seus proprietários terem recusado apoio aos grupos políticos vitoriosos nas últimas eleições. Essas narrativas não raramente abriram a porteira da conversa para outros relatos sobre a vida política na região. Especialmente, a vinculação dos cargos de professor e agente de saúde ao apoio político aos mandatários. Sem contar as histórias sobre transporte de eleitores e gente que, no colégio eleitoral, já deparou com a assinatura de outro que votara em seu nome.

3 *Diagnóstico municipal 58 – Tremedal*. Sebrae-BA, 1999.

4 Para diferenciar as duas alunas chamadas Edilsa que participaram dos grupos de conversa, o nome de cada uma será sucedido pelas iniciais dos municípios onde viveram. A Edilsa de Tremedal: Edilsa (T); a Edilsa de São João do Paraíso: Edilsa (SJ).

5 Todos os textos de autoria de alunos do supletivo transcritos neste trabalho foram produzidos em aulas de Língua Portuguesa da professora Leda Maria Lucas, do segundo segmento do ensino fundamental.

6 Explica Marco Antonio Villa (2001, p. 170): "Diferentemente das outras secas, a de 1951-1953 acabou impulsionando o fluxo migratório do Nordeste em direção ao Sul [...]. A melhoria dos meios de transporte, especialmente do transporte rodoviário, facilitou a viagem [...]. E como a seca atingiu a Bahia numa proporção muito superior às vezes anteriores, foi de lá que partiram os maiores contingentes em direção ao Sul. Utilizando-se de vapores que percorriam o rio São Francisco até Pirapora, de trens e de caminhões, centenas de milhares de nordestinos deslocaram-se para o Sul, sem nenhum apoio oficial, na maior migração da História do Brasil". E José de Souza Martins (2000, p. 125): "Ainda hoje é grande a desinformação sobre os fluxos migratórios internos para São Paulo nos anos cinquenta. A começar pelo fato de que poucos se deram conta de que as grandes correntes migratórias procediam de Minas Gerais e do Nordeste, e não só dessa última região".

7 Medida exata da atmosfera bucólica do lugar foi dada pelo padre José de Almeida Prado, então professor do colégio. Seu relato dá conta de uma aula interrompida por uma vaca que, cabeça pela janela de uma classe, soltou estridente mugido (palestra proferida em julho de 2007, por ocasião da beatificação do padre Basile Moreau, fundador da Congregação de Santa Cruz).

8 Entrevistando caminhoneiros que fazem o transporte de encomendas entre São Paulo e regiões próximas àquelas onde estive, Rosani Cristina Rigamonte (2001) identificou bairros paulistanos que concentram gente vinda das três cidades enfocadas neste livro. Confirmando a constatação de aglutinação na zona oeste, verificou que a Lapa ainda é um reduto de paraisenses e Pinheiros concentra belo-campenses. Sua pesquisa identificou núcleos de tremedalenses em Vila Formosa, Guaianazes, Parque do Carmo e Jardim Imperador, bairros da zona leste distantes do Colégio Santa Cruz. A concentração nessas áreas deu-se tardiamente, quando da alta do custo de vida em áreas da zona oeste primeiro ocupadas.

9 Alguns tremedalenses e belo-campenses disseram que a ordem subitamente expedida pela Prefeitura para o fechamento desses bares teria "coincidido" com a construção de condomínios de luxo na região. O local, no entanto, deixou marcas referenciais na vida daqueles que ali se reuniam. Ainda hoje, encontros entre conterrâneos são marcados para defronte dos imóveis outrora ocupados pelos bares. E diante deles estacionam caminhões de mudança com placas de Belo Campo, enquanto os motores esfriam entre viagens de idas e de vindas.

10 Mediante o contato com alunos, percebo ser prática disseminada, especialmente entre mulheres solteiras, deixar com os pais um filho pequeno, nascido de relacionamentos pouco duradouros. No entanto, não conheci nenhum caso como esse entre as famílias que visitei.

11 Em conversas que mantive com sertanejos escolarizados que desempenham atividades tipicamente letradas, como professores e agentes de saúde, também experimentei maior familiaridade linguística do que com gente distante da escola e, mais amplamente, das letras.

12 Também esses textos resultaram de atividades pedagógicas propostas pela professora Leda Maria Lucas.

CAPÍTULO 3

MIGRAÇÃO DE RETORNO À ESCOLA

A viagem pelo sertão deu mostras de que os elementos da cultura material e simbólica urbana não estão confinados às limitações espaciais das cidades. Inversamente, as áreas urbanas de Tremedal, Belo Campo e São João do Paraíso encontravam-se penetradas por elementos da vida rural. O comércio de produtos agropecuários, sobretudo em dias de feira, ditava a economia das cidades. E as casas, abertas para quintais ocupados por hortas, pomares e galinheiros, conservavam uma atmosfera toda campesina. Seu Tito e D. Nadir, de Tremedal; D. Hormezinda, de Belo Campo; D. Odar, de São João do Paraíso: dos moradores das áreas urbanas com quem conversei, não houve quem não tivesse vivido na roça.

Em meu retorno a São Paulo, ainda revolvendo a presença do rural no urbano, o supletivo assumiu tons de uma esfera da cidade penetrada por elementos sertanejos. Essa percepção veio, primeiro, pela repercussão de minha viagem entre os alunos.

O percurso que eu cumprira do sertão à cidade semanas antes fora feito por Margarete. No semestre letivo seguinte à minha excursão, o supletivo a receberia. Acabara de chegar a São Paulo e, quando por mim indagada sobre o lugar de onde viera, respondeu como muitos de seus conterrâneos: "Fica perto de Vitória da Conquista". Diante do olhar desconfiado e da insistência insolente deste seu professor, enfim se rendeu e citou Tremedal. Assim como eu fora surpreendido pela presença de uma escola paulistana no sertão, ela pôs-se admirada diante de quem, ainda não contente, teimava em saber em que pedaço do município vivera: "Foi no Capim, na Vereda, na Lagoa Preta...?" Ela murmurou, espantada: "Eu conheço tudo isso aí". Então, já não me contive: "Eu também".

Eliene, aluna a quem eu visitara em Tremedal, procurou-me no corredor da escola para entregar um embrulho que parecia envolver um livro. Antes que eu tivesse tempo de abri-lo, avisou-me que não se tratava de um exemplar novo em folha. Contou tê-lo encontrado em um sebo e não ter resistido à tentação de presentear-me. Um rasgo no pacote revelou o título do volume: *O último povoado da Terra*, de Thomas Mullen. Ela, então, orientou-me a ir à contracapa, que estampava um trecho de Camus: "Talvez a maneira mais fácil de conhecer uma cidade seja avaliar a maneira como seus moradores trabalham, amam e morrem". Então, pediu-me para confirmar: "Você gosta dessas coisas, né, professor?"

O fato é que, nos meses seguintes, tive indícios de que a história da minha viagem correra à solta entre os alunos do supletivo. Alguns vieram a mim como quem quisesse certificar-se da veracidade do fato. Outros, gente cuja origem eu deixara passar, não tinham razões para duvidar de minha jornada: haviam vivido em áreas onde estive e os relatos sobre minha passagem lhes chegaram pela boca inconteste de quem, frequentemente um parente, foi lá seu vizinho.

No início de uma aula, a tradicional chamada para registrar a presença dos estudantes foi interrompida: "... Maria do Socorro, Maria Neide, Nilson". Vieram a resposta e um recado: "Presente! Professor, quem te mandou um abraço foi o pessoal lá da Jiboia!"

Finalmente, fui procurado por um aluno piauiense intrigado com um boato: "Professor Fernando, ouvi dizer que você é da região de Tremedal..." Diante da negativa, deu por desfeita a enigmática incongruência: "Bem que eu pensei que alguém com esse sobrenome não podia ser de lá!"

Independentemente de terem nascido na região por onde andei, esses estudantes adultos vindos de áreas rurais nordestinas transpareceram ter-se sentido um pouco visitados.

Nesse retorno ao supletivo, a intromissão do rural no urbano não se traduziu apenas pela impressão de que a escola transpunha, para a cidade, as famílias visitadas nas paragens sertanejas. Na sala de aula, a participação de modos de pensamento e expressão que, agora estava certo, eram próprios àquele universo tornou-se mais evidente aos meus olhos de professor. Desde então, passaram a interpelar-me, apresentando novos desafios à minha prática pedagógica.

Definitivamente, meu itinerário de São João do Paraíso a São Paulo não correspondera ao trânsito entre duas formações sociais separadas como os extremos de uma rodovia.

O URBANISMO

Denílson, aluno do supletivo vindo de São Sebastião, em Alagoas, certa vez contrastou o cotidiano do campo com o da metrópole:

> *Se você me perguntar sobre o pessoal da minha família, eu sei a rotina de um por um, o que eles estão fazendo agora. Se você mandar eu desenhar o mapa da cidade, eu desenho,*

porque eu sei de cor. Isso não vai apagar nunca. Aqui, tudo o que eu faço é sempre pela primeira vez. Aqui, tudo é um começo.

Essa sensação, que salta à vista de um migrante que passou da roça à cidade, remete às diferenciações feitas por Georg Simmel (1967) entre a vida rural e a urbana.

O cotidiano do camponês, diz ele, é geralmente composto por impressões duradouras e uniformes do mundo. Os contrastes existentes entre elas costumam ser tênues e regulares. A vida na cidade, por outro lado, abrange bruscas alterações de imagens, fazendo incidir estímulos nervosos de alto grau de intensidade e descontinuidade sobre os homens.

A sensação de novidade que a todo momento se perfaz é acentuada em aglomerados densos, extensos e habitados por indivíduos socialmente heterogêneos. Nessas condições, as sucessivas apreensões de imagens que se renovam geram correntes que, segundo Simmel, ameaçam a adaptação ao meio e levam os homens a desenvolver mecanismos psíquicos baseados no domínio do intelecto. Sua atitude típica passa a ser de reserva diante do outro, pois, caso tão numerosos contatos fossem vividos com a intensidade dos afetos de um camponês, o habitante da cidade sofreria um processo de atomização mental insuportável.

As consequências dessa conduta tipicamente urbana são relações em que os homens se tratam de modo trivial, uns indiferentes às especificidades dos outros. Essa atitude está alinhada à economia monetária, regida pela força niveladora dos motivos pecuniários que regem a sociedade urbana. Ela acentua o valor instrumental de seus participantes, cujo caráter passa a ser modelado, predominantemente, pela objetividade. O modo de vida metropolitano assim se caracteriza por relações interpessoais de caráter segmentário e feições utilitaristas (Wirth, 1967).

Em meio à vigência dessa cultura objetiva, os indivíduos não deixam de ser dotados de afetos, intuições e percepções que conferem a singularidade a suas experiências. Abre-se, então, um abismo entre sua consciência e as coisas. Ele corresponde à separação entre uma cultura do sujeito e uma cultura da forma (Simmel, 1971). Ao passo que a objetividade da vida urbana tende a modelar atitudes estereotipadas, a subjetividade clama por algum alojamento na totalidade da cultura.

A variação e a complexidade dos afazeres metropolitanos de uma enormidade de pessoas exigem a integração de suas atividades e relações em um calendário impessoal. Em um grupo de conversa, Alceu iluminou esse imperativo: "Em São Paulo, a gente tem hora certa". No mundo urbano, o homem perde o controle sobre seu tempo. A vida passa a ser esquematizada de fora.

Essa divergência entre os tempos sociais da cidade e do campo, da qual tive mostras durante a viagem, também tomou parte na experiência de quem se deslocou no sentido inverso e em caráter mais duradouro. Com a palavra, alunos do supletivo:

Ana ponderou: "Aqui em São Paulo, meu maior problema é ter que fazer tudo correndo; a gente não tem tempo nem pra receber um amigo, pra bater um papo. Lá, domingo à tarde, reunia todo mundo pra conversar, dar risada. Eu sinto falta disso".

Adailton viveu em São João do Paraíso: "A gente chega lá na roça, tem algo pra ser feito hoje, mas o pessoal é tranquilo: 'Ah, isso não dá pra deixar pra amanhã?' Mas hoje não é amanhã!"

E disse Edilsa (SJ): "Em São Paulo é assim: pensou, tem que fazer". E arrematou, dissecando a cadência da vida paulistana e paraisense:

> *Aqui, um ano passa rapidinho. Você vai lá em dezembro, rapidinho já é dezembro de novo. E lá demora um século pra passar. A gente fica um ano aqui e pra eles parece que faz uns cinco anos. Outro dia, eu estava falando com uma amiga minha sobre amar alguém. Aqui, se estiver apaixonada, não tem tempo de pensar naquela pessoa. A gente vai dormir e já é tarde. E lá as pessoas dormem cedo. Então você pode ficar*

acordada na cama, pensando. Olha a minha mãe: na hora que ela vai dormir, fica imaginando como está todo mundo por aqui.

Nilda, aluna belo-campense há catorze anos radicada em São Paulo, apenas recentemente recebera sua irmã Nilsa. Elas contaram que era árdua a tarefa de caminharem juntas na cidade: a diferença entre os passos urbanos e os rurais a todo instante distanciava as duas pedestres.

O tempo acelerado toma conta da cultura. As cidades são os centros de irradiação dos meios de difusão da cultura de massas. A fabricação incessante de signos destinados ao consumo impõe um ritmo industrial à produção de bens simbólicos que, independentemente de sua originalidade, aparentam ser sempre novos (Bosi, A., 1987). Como também são efêmeros, logo vem o fim do modismo e o bombardeio serial das imagens se perpetua[1].

Conhecemos a centralidade da condição de trabalhadores no cotidiano dos alunos do supletivo. A permanência desses migrantes na cidade depende justamente da absorção de sua capacidade funcional pela cultura objetiva. Contudo, os serviços de uma empregada doméstica, de um motorista ou de um zelador não oferecem continuidade à sua existência pregressa – que, no entanto, permanece inscrita em dimensões diversas de seu psiquismo. As heranças rurais, recolhidas ao mundo interno, sofrem transformações geradas pela experiência urbana e informam alguns dos significados que ela possa assumir. Em meio às relações intersubjetivas que tomam assento na cidade e no compasso de seu tempo social, a individualidade sertaneja almeja instâncias em que possa aplacar sua inquietude.

Diversas vezes ouvi dos alunos uma frase proverbial: "São Paulo é terra em que o filho chora e o pai não vê". É o caso de perguntar quem vê; de indagar se a cidade oferece meios nos quais a subjetividade, apartada das funcionalidades, pode ingressar em uma esfera social.

A varredura de espaços de vida da cultura subjetiva não nos fará errar difusamente pela cidade. Pretendo ocupar-nos, isso sim, do papel potencialmente assumido por uma escola para a participação das subjetividades migrantes e sertanejas na sociedade urbana.

Com essa finalidade, primeiro passaremos pelos modos de pensamento que são mais característicos da cultura escolar e da cultura popular. Feitas as distinções e as aproximações, discutiremos as concepções e as práticas pedagógicas que julgo apoiarem a expressão do aluno adulto, tomando-a como estratégia para a aprendizagem de saberes letrados.

De volta à escola, as reflexões a seu respeito lançaram-me a idas e vindas entre a cidade e o campo. Surpreendido que fui pelo lugar ocupado pelo supletivo naquelas áreas rurais, agora almejo esquadrinhar o que pode haver do sertão e do sertanejo em uma escola urbana.

MODOS DE PENSAMENTO E CULTURAS BRASILEIRAS

Eu nasci ouvindo os cantos
das aves de minha serra
e vendo os belos encantos
que a mata bonita encerra
foi ali que eu fui crescendo
fui vendo e fui aprendendo
no livro da natureza
onde Deus é mais visível
o coração mais sensível
e a vida tem mais pureza.
Sem poder fazer escolhas
de livro artificial
estudei nas lindas folhas
do meu livro natural
e, assim, longe da cidade
lendo nessa faculdade

> *que tem todos os sinais*
> *com esses estudos meus*
> *aprendi a amar a Deus*
> *na vida dos animais.*
> *Quando canta o sabiá*
> *sem nunca ter tido estudo*
> *eu vejo que Deus está*
> *por dentro daquilo tudo*
> *aquele pássaro amado*
> *no seu gorjeio sagrado*
> *nunca uma nota falhou*
> *na sua canção amena*
> *só canta o que Deus ordena*
> *só diz o que Deus mandou*
>
> Patativa do Assaré (2003, p. 18)

No intuito de traçar relações entre o modo de pensamento dos sujeitos e as formações sociais, debruçarei sobre um tema preciso: o relacionamento dos homens com a natureza. A escolha não é arbitrária. As observações e as explicações sobre os fenômenos naturais e os usos que fazem os homens de seus recursos foram, afinal, os assuntos mediadores de meus encontros escolares com os alunos migrantes. Nossos diálogos e aprendizagens acerca desses assuntos fizeram frequentemente conversar as concepções da cultura escolar e da cultura popular. A viagem permitiu experimentar, também no sertão, esse colóquio até então mantido em uma sala de aula.

Conversando com moradores das fazendas por onde andei, ouvi relatos sobre técnicas de manejo de plantas e animais que chegavam àquelas áreas rurais. A transformação de um pinto em galinha, processo que naturalmente se estende por seis meses, já há tempos vinha sendo apressada por hormônios que o comprimem ao terço desse período. No caso das plantas, ouvi o relato de Dilson, tremedalense já mencionado, sobre um vizinho que convocara um agrônomo para ajudá-lo a elevar a produtividade de sua fazenda. Segundo me disse, o homem tratou uma mangueira com injeções que a fariam frutificar duas vezes ao ano. Também as técnicas de enxertia começavam a disseminar-se por aquelas bandas, sendo exemplar a implantação de umbuzeiro em mangueira.

Ouvi esses casos narrados em tom de reprovação por quem assistia à conversão das espécies mais familiares em criaturas estranhas, quase bizarras. Mais esse fato parecia contribuir para o afastamento entre o sertanejo e a natureza, iniciado com o declínio do cultivo e a integração das fazendas a sistemas comerciais mais abrangentes.

O desagrado desses pequenos agricultores não correspondia a uma aversão sistemática às tecnologias agrícolas. Tampouco equivalia a uma visão ecológica de quem concebesse a natureza como um bem intocável. Vistos da perspectiva da cultura popular, os animais e as plantas contam muito pelos fins a que possam destinar-se. Entre as espécies vegetais, o pecado-pelado serve para fazer cerca; o quiabento, para não deixar o gado varar; a casca do juazeiro, para escovar os dentes. A utilidade de cada espécie é como uma das características que lhe são intrínsecas. As novas técnicas de manipulação, porém, eram consideradas por demais intrusivas e tidas como corrupções de uma ordem natural regida pela lei divina. Diferentemente da pesca, da caça e da coleta, violam as características das espécies e o ritmo de seus ciclos de vida. São, por isso, tomadas pelo sertanejo tradicional como transgressões meritórias de punição.

Os castigos divinos à ingerência na natureza incidem sobre as plantas e os animais e repercutem sobre a vida de quem deles depende. O caso da mangueira relatado por Dilson teve como desfecho a morte da árvore após a segunda frutificação anual. As mudanças climáticas que prejudicam o plantio repreendem a devastação. E o surgimento de algumas doenças responde às interferências sobre os ciclos vitais das espécies comestíveis.

Em minhas andanças, ouvi menções a um passado no qual enfarto e câncer eram raros eventos. "Estoporos", como dizem derrame, apenas ocorriam em formas abrandadas, contra as quais o azeite de mamona era remédio certo. Era uma época em que as pessoas morriam de "morte morrida". Dois familiares de alunos com quem conversei aludiram ao fato de as pessoas terem sido outrora mais longevas. Nos tempos idos, não era exígua a gente centenária que vivia na região.

Na semana que antecedera minha visita, aquele mesmo Dilson passara pelo médico do posto de saúde de Tremedal:

Levei lá uns exames e ele só... [faz com a mão os gestos de alguém que tica os itens de uma lista]. *Aí teve um que ele parou. Eu pensei: "Aí tem coisa, ói". Ele falou que eu tenho colesterol alto. Sabe o que é isso? É gordura no sangue, moço! Mas eu preguei uma no doutor: eu disse que tenho isso porque faz tempo que eu não como aquela feijoada com torresmo que eu comia todo dia...*

Entre aqueles sertanejos, eram proeminentes as representações do passado como um tempo de equilíbrio natural subvertido pelos homens que agora pagam por seus pecados.

Esse entrelace entre o material e o simbólico, entre o corpo e a alma, Alfredo Bosi (2000) sugeriu ser um fundo "materialista animista" próprio às expressões do povo. Sobre ele assenta um senso de justiça que Xidieh (1993) chama de "lei do choque de retorno": a intromissão nas coisas da natureza convoca o sobrenatural.

Esse parece ser, justamente, o sentido implícito em uma anedota que ouvi na Bahia:

Dois homens conversavam junto a um umbuzeiro.
— Se Deus fez mesmo as coisas certas, como é que pode uma fruta grande como a melancia nascer em um pezinho tão bai-

xo, e uma frutinha pequena que nem o umbu nascer em uma árvore?
Nesse momento, um fruto do umbuzeiro caiu em sua cabeça.
E o outro:
— Você imagine se as coisas não fossem assim...

* * *

Aos olhos da urbanidade, é notável a riqueza do conhecimento que os habitantes da roça detêm sobre o meio onde vivem.

Houve uma noite tremedalense em que acompanhei Vanúzio, mais o irmão e o cunhado desse aluno, à coleta do mel de abelhas silvestres. Minha participação em nada contribuiu com os termos práticos da tarefa. Apenas atentei aos detalhes de um fazer até então inédito para mim: o exame das colmeias, o toque com uma vara para aferir aquela que pudesse ser mais profícua, o fogo para espantar os insetos dos favos e, finalmente, sua tomada em mãos. Caso tivessem me sido dadas essas tarefas, eu teria deixado de fazer a lição. Por outro lado, sei bem o que dizer quando alunos que muito mel já extraíram na vida perguntam sobre a organização social das colmeias.

O doce do mel extraído revelou que o conceito de animal social não fizera falta a meus companheiros. Aquele seu labor estava fundado em saberes transmitidos por outros membros da família e fortemente apoiados sobre dados sensíveis. Quanto a mim, retirado a um canto, era um conhecedor das funções da abelha-rainha, das operárias e dos zangões. Enfim, daquilo que não era palpável, tampouco contribuía para o específico afazer. Nossa participação lembrava, uma vez mais, o aperto entre os conhecimentos e as práticas do sertanejo em oposição à separação entre o saber e o fazer vigente na cidade.

Durante a viagem, nas ocasiões em que perguntei sobre a distância entre dois pontos, supomos da fazenda à feira semanal, as respostas dos sertanejos foram dadas em léguas. Demorou para eu descobrir que uma légua equivalia a uma hora de caminhada.

Onde os saberes são regidos pela experiência, as distâncias são convertidas em tempo.

As formas de conhecimento características de uma sociedade urbana e letrada envolvem modos de pensamento que costumam ser transcendentes à experiência imediata, descontextualizados e afeitos às abstrações. Na cidade, uma légua equivale a 6.600 metros.

Devido a esse jeito de ser, um sujeito urbano e escolarizado que volta do sertão é capaz de ir vasculhar dados do censo populacional para tirar a prova estatística de expressões da gente local. Em contraponto à experiência concreta de alguns sertanejos, os números mostram uma elevação da esperança de vida média naquela região, bem como da quantidade de seus centenários habitantes[2].

As relações entre o funcionamento cognitivo dos sujeitos e a formação social de que participam não são estáticas, como se as diferenças entre os modos de conhecimento fossem inatas ou univocamente determinadas pelos grupos a que pertencem. Fosse assim, deixaríamos de lado os processos subjetivos, tomaríamos as coletividades como reuniões de homens idênticos e, porque imutáveis, cancelaríamos sua história (Oliveira, 1997; 1999).

Examinemos duas situações pedagógicas ocorridas no supletivo em atividades que trabalhavam com operações intelectuais descontextualizadas, mais especificamente com a elaboração de critérios de classificação. Os dois acontecimentos se deram com estudantes que estavam havia muito tempo fora da escola.

Em uma aula, entreguei conjuntos de figuras geométricas aos alunos e propus que as dividissem em três grupos, de acordo com suas semelhanças. As soluções possíveis constavam em sua divisão com base nos critérios de forma, tamanho ou cor. Um aluno empreendeu sobre quadrados, círculos e triângulos coloridos o trabalho de um *bricoleur*: com eles montou as figuras de um palhaço, de uma casa e de uma árvore. O procedimento de classificação deu lugar a uma atitude narrativa sobre o material.

Em outra ocasião, alunos de uma turma reuniram-se em grupos para dividir em cinco conjuntos as fotografias de trinta seres vivos. Ainda que ocorressem variações entre seus arranjos, as imagens de uma palmeira, de uma samambaia e de uma laranjeira, únicos vegetais entre os animais, foram unanimemente reunidas em um "grupo das plantas". Em dado momento, fui chamado por alunos que haviam terminado a tarefa, entretanto não sabiam que destino conferir à figura do ser humano. Sugeri que pensassem a respeito de suas semelhanças com outras espécies. Dei uma volta pela sala e, quando retornei, a solução do problema viera por sua colocação em meio aos vegetais. Assim justificaram a escolha: "Alguém precisa regar". Em um semestre posterior, estudantes de outra turma reuniram a fotografia do ser humano às dos peixes, desta feita alegando tratar-se de um pescador.

Essas resoluções ao desafio de classificar seres vivos não se deram pela ordenação das figuras em categorias. Sua separação teve base em relações internas entre seus elementos. São operações semelhantes àquelas que Luria (2005), investigando formas de pensamento de camponeses soviéticos no período stalinista, verificou serem frequentes entre homens pouco escolarizados e empregados pela agricultura tradicional.

Como qualquer história, esses acontecimentos podem ser narrados de maneiras diversas. Sob um viés evolucionista, as classificações realizadas pelos alunos possivelmente seriam tomadas como provas cabais de uma suposta incapacidade do homem do povo para abstrações. Teoria que perde sustento quando, ao evento pontual que é a resolução de uma tarefa escolar, articulamos outros elementos componentes de uma situação pedagógica complexa.

Na realização das atividades descritas, as figuras geométricas e as fotografias de seres vivos não foram entregues aos alunos sem prévias conversas acerca do que vem a ser uma classificação com base em caracteres comuns e do valor desse tipo de conduta no cotidiano[3]. As tarefas propostas aos estudantes tomaram parte em situações de aprendizagem durante as quais a maioria deles atingiu o objetivo de classificar em categorias. Assim, realizaram operações semelhantes àquelas que Luria verificou serem características de trabalhadores escolarizados.

O sucesso alcançado em atividades escolares por alunos nascidos em meios iletrados e recentemente regressos à sala de aula faz crer que as distinções que possam existir entre os processos cognitivos característicos de sertanejos e de homens urbanos escolarizados devem-se ao fato de viverem em meios culturais com demandas situacionais divergentes entre si (Oliveira, 1997). Assim, abrimos espaço para pensar os seres humanos em geral, o migrante e o viajante em particular, como sujeitos aptos a experimentar transformações em seus modos de pensamento.

O sertanejo que migra da roça à metrópole é solicitado a fazer uso de códigos e habilidades distintos daqueles que empregava em seu lugar de origem. A sobrevivência na cidade reclama formas de organização do real que lhe são estranhas. Porém, poucos são os migrantes adultos que acabam por ingressar em instâncias em que elas, em vez de exigidas como pressupostos, são desenvolvidas, refletidas, aprendidas.

Embora a frequência à escola não seja condição necessária às formas letradas de pensamento, tampouco garanta absolutamente seu desenvolvimento, ela desempenha um papel essencial na aprendizagem de operações cognitivas descontextualizadas, frequentemente demandadas pela vida urbana. A escola é, por excelência, o lugar da escrita, forma de expressão que envolve a comunicação com um interlocutor ausente, a separação entre o autor e seu produto. As propostas pedagógicas podem investir em habilidades de autoinstrução, como seguir uma lista de procedimentos. Podem fazer da escola um lugar de elaboração de projetos que envolvam predições, controles, planejamentos, hipóteses e transferências do conhecimento de uma situação a outra. Sem contar o investimento em procedimentos metacognitivos nos quais os sujeitos revelam uma consciência sobre os processos de seu pensamento. A escola pode, enfim, proporcionar condições para uma reflexão distanciada dos automatismos cotidianos (Oliveira, 2004).

Assim como o homem simples não está destinado a um afastamento dos conceitos, o saber erudito de um acadêmico não o distancia dos dados oferecidos pela experiência imediata. Outra situação ocorrida no supletivo, desta vez em uma aula no laboratório de Ciências, pode contribuir para a discussão acerca das relações entre conceitos e imagens.

A classe estudava algumas noções de nutrição. Nesse contexto, propus um experimento cujo objetivo apresentado aos alunos era o de "identificar a presença de um nutriente em alguns alimentos". O roteiro de procedimentos orientava-os a raspar alguns alimentos em um papel e registrar possíveis ocorrências de uma mancha translúcida. O passo seguinte consistia em consultar uma tabela de composição dos alimentos e inferir, mediante as informações sobre os nutrientes contidos em cada item testado, a causa das manchas produzidas no papel. Ao final, os alunos redigiriam suas conclusões.

A leitura da tabela de composição dos alimentos assumia um caráter comprobatório, pois todos sabiam de antemão dos efeitos da gordura sobre o papel. A exceção era o tomate, que, embora não seja gorduroso, molha o papel e gera uma mancha que pode ser confundida com a da gordura. Finda a aula e recolhidas as fichas, os resultados: segundo todos os estudantes, a manteiga, o queijo e o presunto geraram manchas translúcidas; o mesmo não ocorreu com a cenoura, o pão e a mandioca. O tomate apareceu ora de um lado, ora do outro.

A aula seguinte foi dedicada à discussão do experimento. Diante das divergências dos resultados obtidos pelos estudantes, uma aluna, vinda há três anos do interior baiano, perdeu a paciência: "Professor, afinal de contas, o tomate mancha ou não mancha?" A maneira como manifestou seu interesse pela composição daquele alimento ilustra como, nas formas de conhecimento do povo, as imagens frequentemente encobrem os conceitos. Respondi à sua pergunta: "Em alguns grupos o tomate manchou, em outros não manchou". Ela então reformulou, por um triz de perder as estribeiras com o rigor professoral: "Eu quero saber se o tomate é ou não é rico em gordura". E assim voltamos à tabela de composição dos alimentos.

Não é o caso de recusar os conceitos ao funcionamento cognitivo do homem não escolarizado, tampouco as imagens ao pensamento letrado. Conceitos e imagens estão presentes nas formas de conhecimento de ambos os grupos. Porém, geralmente ocupam planos desiguais, estruturados sobre as demandas de suas participações sociais. Nos modos de pensamento mais tipicamente populares, os conceitos costumam submergir em meio às imagens. Nas operações cognitivas científicas, as imagens são geralmente encobertas pelos conceitos (Canclini, 1982).

Durante a discussão do experimento dos alimentos, os alunos para quem o tomate gerara a mancha translúcida mostravam-se incomodados: essa exceção desautorizava-os à lei previamente conhecida segundo a qual "os alimentos que causam manchas são ricos em gordura". Foi quando um estudante, cujas anotações indicavam que o tomate não provocara a mancha, revelou a solução empregada para superar o problema: apagar esse item do conjunto de alimentos que mancharam o papel e simplesmente transferi-lo à lista daqueles que não tiveram esse efeito. Superado o obstáculo por meio da corruptela, abriu-se o caminho para a conclusão de que "os alimentos que causaram manchas são ricos em gordura". A ação retroativa sobre as observações adulterou o experimento e, por vias tortas, revelou o desejo do aluno de torná-lo obediente à lógica científica segundo a qual os dados sensíveis estão subordinados aos conceitos. Era provável que, assim, o professor ficasse satisfeito.

Voltemos ao sertão, desta feita para o engenho instalado ao lado da casa da família da aluna Geni, na roça paraisense. Recebi de seu irmão, que nunca pisou em uma escola, uma aula magna sobre a produção da cachaça que lhe rendia o sustento. Do plantio da cana-de-açúcar à garrafa, ensinou-me todas as etapas da fabricação aprendida com o pai. Registrei duas expressões por ele utilizadas para explicar, por vias sensitivas, os processos químicos envolvidos em seu fazer. Diante da bacia de fermentação: "Aqui o caldo vai esquentando, mas sem a gente pôr fogo... Coloca a mão pra você ver". E junto ao destilador: "Nesse tubo, a cachaça começa a suar".

Em meio às férteis conversas com aquele tremedalense de nome Dilson, eu já tentara contrastar meus conhecimentos com aqueles que eram os dos homens locais. A título de exemplo, contei que eu conhecia a importância da paina para a dispersão da semente do algodoeiro, mas até o dia anterior jamais vira sua colheita. Dando a impressão de que muito já pensara a esse respeito, ele deu seu parecer: "A gente aqui tem conhecimentos sem conhecimento".

Esses saberes a que Dilson se refere estão de tal modo aderidos à vida do sertanejo que deixam a impressão de ter estado sempre com ele. Sua origem em tempos imemoráveis contrapõe-se àquela que é a do conhecimento escolar: "Eu não sirvo pra esse negócio de escola. Como é que pode alguém pegar uma coisa que o moço não tem e colocar lá dentro da cabeça dele?"

Minhas experiências diante da extração do mel de abelhas silvestres, da produção artesanal da cachaça e da colheita do algodão colocaram em evidência a distância existente entre o saber do homem urbano e a natureza mais palpável. O migrante também se ressente dessa separação quando leva, para longe do sertão, além de seus conhecimentos sobre a terra e a chuva, o plantio e a criação, a extração e a caça, os valores simbólicos a eles aderidos. A natureza transforma-se em um bem apartado de seu modo de vida. Converte-se em abstração.

EDUCAÇÃO E ENRAIZAMENTO

Marcos contou sobre seu retorno à escola na idade adulta:

Pela empolgação que eu estava para estudar, no primeiro dia, quando bateu o sinal, parecia que tinha passado uma hora. A escola era um lugar muito estranho para mim. Mas eu vi que os professores incentivam a pessoa, orientam a pessoa. Se você não sabe de nada, eles acompanham a sua língua, eles acompanham você. O que você está pensando, parece que eles pensam com você.

Diversas são as correntes didáticas que valorizam os conhecimentos prévios dos alunos como ponto de partida para o processo de aprendizagem. Os saberes trazidos para a sala de aula podem envolver conceitos já aprendidos em passagens anteriores pela escola e também ideias e teorias construídas em práticas cotidianas. No caso de alunos adultos que tiveram breves experiências escolares, os conhecimentos assentados em outras vivências ocupam largo espaço nas previsões e explicações dos fenômenos. Eles compõem esquemas de representação da realidade que, aos olhos dos sujeitos que os detêm, são coerentes. Por isso, os conhecimentos cotidianos são persistentes e não se modificam com algumas poucas atividades (Fumagalli, 1998).

Ao afirmarmos a importância dos saberes prévios para os processos de aprendizagem que pretendem transformá-los, não pressupomos que os encontros pedagógicos garantam condições para sua emergência como concepções explícitas. Eles se oferecem como ideias subjacentes às hipóteses e teorias que podem ser verbalizadas pelos alunos.

Quando os aprendizes são adultos trabalhadores, migrantes sertanejos em sua maioria, a expressão de conhecimentos cotidianos assume matizes singulares. Primeiro porque exigem a superação do recolhimento causado pelas relações opressivas em que o aluno costuma tomar parte. Além disso, devemos considerar que o encontro dos saberes do aluno adulto com os códigos letrados corresponde a um confronto entre modos de pensamento e expressão característicos de formações culturais distintas. Assim, os conflitos inerentes a toda situação de aprendizagem assumem um caráter de embate cultural.

As concepções sobre o relacionamento entre os conhecimentos escolares e as perspectivas do aluno adulto variam entre as correntes acadêmicas que participam do debate sobre a divulgação da cultura erudita às classes populares (Beisiegel, 1982; Bosi, E., 2003). Em um extremo estão as tendências para as quais a incorporação das massas à civilização exigiria uma adoção passiva dos padrões que lhes são oferecidos. Em uma escola para adultos alinhada a essa postura colonizadora, a aprendizagem formal corresponderia a uma ruptura com as formações mais precoces do aluno e sua incorporação por uma cultura dominante. Assim concebida, a educação popular assumiria um viés ideológico de controle social. E os esforços do educador se alinhariam à postura do erudito que ignora as manifestações populares. Em um sítio antagônico, estaria uma escola imobilizada pelo encantamento com os saberes e as práticas do povo. Então, se repetiriam os feitos das tendências de divulgação da cultura que preferem exaltar as formas de expressão popular, depositando no exotismo de sua sabedoria a esperança de salvação da humanidade. Uma escola pautada por essa visão romântica arriscaria precipitar sua prática em atitudes demagógico-populistas. O currículo correria o risco de empobrecimento. E a simpatia que pudesse haver pelo povo se travestiria de uma comunidade falseada.

A oposição radical entre essas correntes é apenas aparente. Ambas estão fundadas em um entendimento da educação como construção de um campo de leituras uniformes do mundo. Em um caso, o apagamento das diferenças se daria pela assimilação de sujeitos que, assim, abririam mão de sua herança cultural; no outro, o cancelamento do diverso se daria pela manutenção de uma cultura de origem que, sem interação com outras expressões, seria mantida separada (Berry, 2004). A implicação didática dessas orientações seria o cancelamento dos conhecimentos prévios dos alunos como apoio à aprendizagem formal. Enquanto o primeiro modelo subentende sua superação, o segundo pressupõe sua preservação. Tais tendências operam separações radicais entre o popular e o erudito, o rural e o urbano. Promovem um afastamento do campo de contradições entre os distintos e impedem uma compreensão da educação como transformação.

Um dos propósitos da educação da pessoa adulta é propiciar a aquisição de conhecimentos e práticas discursivas exigidos para a sobrevivência e a mobilidade social na cidade. Com essa finalidade, seria em vão o resgate da cultura original do aluno, assim como não se justificaria um abandono dos saberes cotidianos. A vida desses estudantes na sociedade urbana está lançada em interfaces culturais de onde emergem suas necessidades atuais. Quando a escola é capaz de operar nesse terreno, o mundo por ela abordado mais se aproxima do mundo tal como tem sido vivido pelos alunos.

Afirmar a educação como embate cultural nada tem que ver com a reprodução, em uma sala de aula, dos conflitos tais como costumam dar-se em outras esferas da cidade. Nesse caso, a escola correria o risco de converter-se em uma instância adicional de invisibilidade do trabalhador pertencente às classes populares. O confronto, como instrumento pedagógico, equivale a condições nas quais os conhecimentos cotidianos e escolares podem ser postos como perspectivas em tensão.

Houve uma noite em que entreguei aos alunos um texto sobre o tatu-bola-do-nordeste. Trata-se de um animal ameaçado de extinção por motivos que incluem sua caça. Eu planejara uma leitura do texto, a fim de compreendermos as razões do risco de desaparecimento daquela espécie conhecida de muitos estudantes. O percurso imaginado não alçou longo voo. Um aluno pernambucano interveio: "Esse texto só não fala por que as pessoas têm que caçar o tatu... Olha, professor, não é por mal, não, mas vai lá pra ver se tinha jeito de não fazer isso".

É possível que, não fosse esse comentário, nosso trabalho tivesse se ocupado com a estrutura interna do texto e aderido passivamente àquele olhar sobre a preservação do patrimônio natural da caatinga. Endossaríamos o coro de culpabilização do sertanejo pela extinção do animal e passaríamos ao largo da experiência dos alunos. O conteúdo do texto dificilmente seria legitimado.

Essa situação levou-me de volta ao material entregue aos estudantes. Agora, ficava evidente o conteúdo ideológico que estivera obscuro: o homem da caatinga era apresentado como o perseguidor implacável de um animal indefeso; os biólogos responsáveis por sua preservação, como cidadãos benfeitores, prontos a salvá-lo. Eu, que pretendera ensinar algo sobre a interpretação do texto, fui surpreendido por seus potenciais simbólicos. Aprendi, mais uma vez nesta vida, sobre a naturalização dos discursos.

A advertência feita pelo aluno revelou o reconhecimento de si mesmo como sujeito oculto daquela história. Ele empreendeu a leitura de seu mundo familiar partindo de códigos tipicamente letrados, como a interpretação do texto e a compreensão dos processos que conduzem à extinção de uma espécie animal. Assim operando, acabou por decodificar a cultura dominante e desvendar uma perspectiva do homem urbano sobre as práticas sertanejas. O aluno também aprendera acerca dos prejuízos gerados em larga escala por uma prática miúda, transferindo uma visão restrita à experiência concreta para um sistema mais abrangente, que a inclui, mas a ultrapassa. O problema do tatu-bola-do-nordeste envolve a extinção e a fome, a ciência e o povo.

A convocação das concepções prévias dos alunos à sala de aula nada tem que ver com a postura relativista de um professor afeito ao culturalismo. Nesse caso, abriríamos mão do que pudessem ser os objetivos da disciplina em nome de um agregado de concepções tornadas igualmente válidas no contexto de nosso encontro. Também nos distanciaríamos da expectativa de quem busca instrumentos para viver em uma sociedade científica. O chamado às ideias e teorias dos alunos aqui se destina a conversas com finalidades pedagógicas preestabelecidas pelo educador. Analogamente às relações de poder envolvidas nos processos de letramento, há algum grau de etnocentrismo contido no "letramento científico".

Em minha participação como educador de adultos, desejo ter abordado a ciência como produto de um grupo social determinado, orientado por motivos e finalidades específicos, e, portanto, como construção histórica. A existência dessa disciplina deve-se aos homens, e não a uma racionalidade que estivesse inscrita nas coisas e à qual apenas ela pudesse ter acesso (Chaui, 1982). A ideologia dominante investe o saber científico de uma autoridade e um prestígio tais que o afastam do povo. Ficaria satisfeito caso tivesse contribuído para o despojamento da ciência de um caráter pretensamente natural, definitivo e desprovido de passado ou futuro. Mais ainda, se tivesse feito transparecer sua condição de bem inconcluso que, para usar palavras de Ecléa Bosi (2000), não se presta a meras assimilações, senão ao esforço comum de todos os homens.

Sabemos dos limites relativos a uma ação desse quilate em uma sociedade capitalizada e estruturada sobre a divisão de classes. As marcas deixadas pela espoliação e pela segregação não se desmancham mediante um estalo. Algumas vezes, tampouco com muitos estalos. Cremos, no entanto, que pela abertura de canais de comunicação da ciência com as classes populares temos contribuído para afirmá-la como signo que se presta à luta social.

Nessa dialética entre conhecimentos cotidianos e escolares, a afluência de elementos da cultura sertaneja à escola ganha a reciprocidade da visita dos saberes escolares ao sertão.

Certa vez, no laboratório de Ciências, realizamos um experimento que simulava a formação das chuvas. Ele permitiu que uma aluna aprendesse a mudança física do vapor em gotas d'água e, assim, alcançasse uma nova compreensão sobre a seca em sua região. Com essa aprendizagem veio um novo olhar sobre uma prática do pai agricultor: "Eu sempre via meu pai queimando o mato e subia aquela fumaça preta. Aí passavam uns dias e chovia. Eu achava que aquela fumaça é que tinha feito chover. E eu nunca entendi por que teve umas vezes que ele queimou e não choveu [...] Agora eu sei que não era a fumaça que fazia chover".

Em outra ocasião, novamente o entendimento da formação das chuvas levou uma aluna, também do interior baiano, a observar: "Então, aquela história de que chove porque São Pedro está passando o rodo não é mesmo verdade!"

Outro assunto que temos estudado é o ciclo de vida das plantas. Durante uma aula em que observávamos os resultados do plantio de sementes de girassol em diferentes condições de umidade e luminosidade, uma aluna contou sobre a infância no sertão baiano:

Quando eu era pequena, meu pai colocava eu e minha irmã pra peneirar o feijão. Como era muito trabalho, muito feijão, a gente jogava bem pro alto, que era pra uma parte cair no chão e não ter que peneirar tanto. E depois a gente cobria com terra o que caiu pra fora pro meu pai não ver. Mas um dia choveu e nasceu um monte de pés de feijão. Eu e minha irmã levamos uma surra. E mais pra frente a gente continuou fazendo a mesma coisa, mas a gente já sabia... Lá, as pessoas rezavam pra chover, e ficava nós duas torcendo quietas pra não chover.

Em outra circunstância, discutíamos os ciclos de vida dos seres vivos. Diante da constatação de que um animal só pode surgir de outros iguais a ele, um aluno cearense apresentou um problema que, sendo assim, o intrigava: próximo à casa onde viveu, havia um açude que secava e, quando tornava a encher com água da chuva, peixes nele apareciam. Ele agora perguntava como aquilo era possível. Devolvi a pergunta. Ele respondeu, já com algum distanciamento do que antes ouvia, que para seus conterrâneos os peixes vinham pela chuva[4].

Se esses encontros entre o senso comum e o conhecimento escolar são capazes de surpreender o leitor, possivelmente acadêmico ou educador, igualmente causaram espanto aos alunos, que viram, sob novo enfoque, não somente a natureza, mas o relacionamento de sua gente com a natureza.

Escrevendo sobre a memória, Maurice Halbwachs (1994) sublinhou seu caráter social. Para ele, recordar é um trabalho de reconstrução que o indivíduo realiza sobre o passado, impregnado pelos quadros sociais de referência no presente. A mobilidade de um homem entre grupos diversos assim modifica sua perspectiva sobre o vivido. Alinhado a esse pensar, eu diria que a admiração expressa pelos estudantes nos momentos de aprendizagem terá sido gerada por visões da vida sertaneja à luz de conhecimentos escolares. Essas situações não apenas propiciaram outra compreensão sobre o meio familiar tornado abstrato como, razão do espanto, permitiram aos alunos perceber a si mesmos como sujeitos de um mundo letrado.

As recordações expressas pelos estudantes na sala de aula não apenas informavam sobre acontecimentos pregressos. Elas carregavam hipóteses metacognitivas que revelavam sua consciência dos contrastes entre as formas de conhecimento vinculadas à escola e aos grupos de origem. A produção de sentidos pode ser favorecida pelo apoio da memória que ora consiste no exercício de uma condição letrada (Fonseca, 2001).

Passo a palavra à Geni, aluna paraisense:

Naquela época que eu morava lá em São João eu não via, por exemplo, a importância da preservação. E hoje querem derrubar algumas árvores e eu já pedi pra não fazerem isso. Quando eu vivia lá, achava que era natural algumas coisas que hoje eu acho que é maltratar um animal. Achava que fazia parte da vida e pronto. E outra coisa que eu aprendi foi a forma de se alimentar. Eu comia todos os dias a mesma coisa e achava que estava bom.[5]

O relacionamento do aluno adulto com as ciências é frequentemente acompanhado pela consciência de que ela pode abrir-se a todos os homens.

* * *

O desenraizamento da cultura sertaneja, a crescente integração das áreas rurais a sistemas econômicos mais abrangentes, o êxodo rural e o ingresso do migrante em uma escola são faces da supremacia das formas de vida urbana.

Com frequência, representações acerca da urbanidade deixam transparecer uma apreensão da cidade como centro com o qual o mundo rural mantém relações assimétricas. A escola poderia contrapor, a essa ordem de globalização, uma lógica inversa de produção cultural. Seus esforços assim contribuiriam para que as múltiplas e descentradas referências de outras formações sociais assomassem à cidade. Essa seria uma forma de luta da educação para que os sujeitos não apenas aderissem como autômatos a conhecimentos e condutas generalizados, mas fossem capazes de inscrever as singularidades de seus saberes e manifestações como parte integrante do imaginário global (Ferrara, 1994).

Quando elaborou a noção de enraizamento, Simone Weil (1996) não pressupôs, como sua condição, o isolamento da produção cultural de uma coletividade. Inversamente, destacou que as trocas de influência e a multiplicação de contatos podem tornar mais vigorosas suas raízes, caso esses encontros afirmem, aos homens envolvidos, a originalidade de seus grupos sociais. O ato de educar promove enraizamento quando participa de uma globalização pelo avesso e engaja a cultura do aluno em um compromisso de todos os homens. Novamente recorrendo à Ecléa Bosi (2000), diríamos que a luta do aluno adulto pelo direito à ciência já é, ela mesma, fonte de cultura.

Como a aprendizagem de códigos letrados, o enraizamento do aluno adulto na cidade exige condições políticas. O ingresso do estudante em campos intersubjetivos toma parte nas estratégias de ensino, ao mesmo tempo que as situações pedagógicas promovem sua experiência de outros homens.

Assim considerando, afastamo-nos de concepções que veem a cultura como um bem que alguns homens possuem, outros não. Uma perspectiva assim reificante faz que a condição do homem culto seja tomada como decorrência de uma herança ou do consumo de um produto da civilização que lhe chegasse pronto ao usufruto. A escola deveria receber o aluno não como quem está prestes a adquirir uma mercadoria, mas como quem vem tomar parte no trabalho de produção cultural (Bosi, A., 1997).

A luta pelo direito à educação, inclusive dos adultos que não puderam experimentá-la na idade regular, não equivale a um protesto pelo acesso universal aos bens culturais que alguns poucos produzem. Antes, corresponde à reivindicação da participação de todos os homens em sua construção.

ESPAÇO INFORMAL

Para muitos alunos do supletivo, a frequência à escola não se restringe aos encontros pedagógicos com os professores. Uma vida social se desenha mediante a estada noturna no espaço do colégio.

No discurso proferido em uma cerimônia de formatura, uma aluna fez emocionada menção aos momentos diários em que chegava à escola e os porteiros lhe perguntavam como tinha sido seu dia.

Adentrando a escola, chama a atenção o proveito da estrutura e de alguns serviços pelos estudantes. Frequentam a biblioteca para estudar e tomar emprestados livros, utilizam a sala de informática, conversam nos pátios e nas alamedas, namoram sentados nas muretas dos canteiros e jogam um futebol semanal.

Os alunos também dispõem dos coordenadores pedagógicos para trocar ideias sobre situações que, da sala de aula à vida profissional ou conjugal, interferem nos estudos. Não são exíguas as pautas: gente cujos ganhos não bastam à condução, cujas roupas não protegem contra o frio, cuja jornada de trabalho avança sobre o horário escolar e cujos filhos não podem deixar sós no período noturno; alunos desempregados, estafados, vitimados pela violência conjugal, vicinal ou patronal. Alguns estudantes são encaminhados a serviços de atendimento psicológico aos quais dificilmente teriam acesso não fossem as orientações dos coordenadores.

Há ainda outros espaços que os estudantes aproveitam. Um representante da pastoral promove excursões e aulas de teatro. Uma advogada presta serviços voluntários de orientação jurídica. Há quem a procure para tratar de impasses matrimoniais e trabalhistas, enquanto outros dão a entender que mais precisam de uma amiga do que da bacharel. Uma orientadora vocacional ajuda aqueles que estão prestes a se formar a pensar em caminhos para novos empregos. Mais informalmente, eu mesmo, professor de Ciências, diversas vezes fui procurado para, quem sabe, tirar dúvidas dos alunos referentes à vida sexual: o uso de um anticoncepcional, a puberdade dos filhos, o risco de uma gravidez indesejada.

Embora essas conversas com coordenadores, professores, advogada e orientadora vocacional possam, em alguns casos, iluminar soluções práticas para os problemas apresentados, uma leitura pragmática não basta para compreender a centralidade da escola na vida dos alunos. Quando uma aluna com cerca de 40 anos, três meses de gravidez e fortes dores abdominais opta pela ida ao colégio em vez de rumar para o posto de saúde, ou quando um aluno escolhe a sala de aula para elaborar o luto do pai à tarde falecido, já não duvidamos que o valor da escola resida na superação do isolamento que marca a vida desses estudantes.

O cotidiano do trabalhador e a opção por um curso noturno erguem um obstáculo à proximidade com familiares e amigos que possam ter na cidade. Na escola, em contrapartida, abrem-se outras possibilidades ao reconhecimento. Além da escuta pelos profissionais dedicados aos estudantes, a participação escolar propicia encontros com gente que, a despeito de experiências singulares, tem histórias de vida semelhantes às suas. Há alguns parentes que apenas no supletivo conseguem se cruzar. E, para diversos estudantes, a escola consiste no único espaço de convívio social na cidade.

A consideração sobre alguma comunidade formada pelos alunos não poderia desenrolar-se contente com as indicações estatísticas relativas à uniformidade desse grupo social. A apreensão de que a ampla maioria dos estudantes é composta por trabalhadores não-qualificados, migrantes oriundos de áreas rurais nordestinas e mineiras, não assegura que a escola a eles apareça como um espaço de experiência comunitária.

Recolhi algumas impressões de alunos a esse respeito. Primeiro, Edilsa (SJ):

À noite é o horário de ver alguém, de conversar. Principalmente pra quem trabalha em casa de família e dorme no serviço, que é um tipo de uma prisão. É cansativo: você trabalha, estuda, chega em casa tarde da noite, então diz: "Ai, eu vou desistir porque não está dando". Mas na escola, conversando com as pessoas, isso muda. Eu mesma, vou dormir à 1 hora da manhã e acordo às 5h30. E outro dia eu conversei com uma colega que eu nunca tinha conversado e ela me disse: "Nossa, eu acordo às 4 da manhã e durmo nesse mesmo horário". Fernando, meu sono passou!

E sua xará tremedalense:

> *Se não fosse a escola, eu já teria morrido sufocada. Dia que eu não venho pra escola eu me sinto mal. Na escola você vê as dificuldades dos outros e fala: "Como você é parecido comigo". E você conversa e vê que as pessoas também são diferentes: uns não têm tantas dificuldades como você e reclamam; outros têm mais dificuldade e levam a vida num sorriso.*

Valmiro com a palavra: "Com as pessoas que têm uma história parecida, a gente é mais aberto pra poder discutir, falar, conhecer, conversar. Não que as outras pessoas não têm importância. Mas eu me dou melhor com quem fala a minha língua, com quem tem uma situação no mesmo barco".

É a vez de Denilson:

> *Na minha primeira noite na escola a gente se apresentou. E parecia que as pessoas foram selecionadas. Todas as pessoas perderam muito tempo sem estudar. E você vê que tem muitos conterrâneos. E por ser nordestino a gente já conhece o que essas pessoas passaram e o que estão passando aqui. São pessoas que qualquer coisa que eu for falar vão entender. A gente fica falando como aqui é bom e como lá é bom.*

Esses momentos em que os alunos reúnem-se podem anteceder o horário das aulas, preencher os intervalos e derramar-se pelo trajeto cumprido na saída da escola. São as horas das conversas sobre o lugar de origem, a família, os amigos, o forró, o futebol, o trabalho e a escola. E o sentimento de estar junto da gente cuja trajetória se assemelha à sua pode estender-se à sala de aula.

Relatou Dernílson: "Um dia fizemos uma atividade de escrever a nossa história e depois ler pra um colega. E depois você ouvia e ficava sabendo a trajetória do colega, como foi e como está sendo. Se não fosse a escola, ninguém ia ficar sabendo os motivos da pessoa estar aqui".

A participação escolar aponta para uma comunidade de destino. Segundo Ecléa Bosi (1995), ela envolve o sofrimento irreversível de uma condição humana que também é a do outro. No caso desses alunos, sua comunhão está fundada sobre a origem e a migração, as condições de trabalhadores e de estudantes. A escola proporciona a partilha de histórias de afastamento da escola regular, da migração e do trabalho manual que permeiam as responsabilidades, as angústias e as esperanças dos alunos.

O destino, no uso que fazemos da expressão, envolve a opressão e o rebaixamento. No entanto, para além das fatalidades, destino pode significar uma ação decidida a interromper uma condição social (Gonçalves Filho, 2003). Tomando esse sentido alargado, uma comunidade de destino pode edificar-se por meio do sofrimento e da impotência, mas também pela alegria proporcionada por iniciativas conscientemente deliberadas. Pode decorrer da condição de trabalhadores migrantes pertencentes às classes populares, mas, igualmente, de sua condição de estudantes. A experiência de uma comunidade de destino pode decorrer da convivência em situações que alterem as condições de existência. As falas dos alunos do supletivo deixam claras as transformações que podem ser geradas pelo olhar e pela escuta de quem é capaz de compreendê-los porque têm vivido, em primeira pessoa, os mesmos fardos sociais.

IDENTIDADES DE FRONTEIRA

Foi dito que a participação dos alunos no supletivo pode dar-se nas esferas diversas das situações pedagógicas e dos encontros informais com outros estudantes. A separação dessas duas dimensões do cotidiano escolar, vale dizer, procede mais de uma atitude analítica do pesquisador do que de um sinal que soasse para anunciar que uma termina e a outra começa: as propostas do professor que têm lugar na sala de aula não suspendem a convivência, assim como os intervalos não impedem a dedicação a tarefas escolares em companhia dos colegas. Nosso exame dessas instâncias que se interpenetram valorizou os confrontos culturais como instrumento pedagógico e a convivência entre os alunos como experiência comunitária, ambas como exercício político.

Entendendo que essas duas esferas da participação sejam assim vividas pelos estudantes, a escola consiste em um espaço urbano para a expressão de códigos, percepções, intuições e juízos dos trabalhadores, em situações ora disciplinadas, ora informais. A condição de aluno adulto pode representar a morada em um lugar de cultivo daquilo que Simmel chamou de cultura subjetiva.

Se a ocupação de posições rebaixadas deixa marcas inscritas na subjetividade, também pode fazê-lo o lugar da igualdade diante do outro. A escola pode representar um foco de resistência política na cidade: suas noites contribuem para a correção das relações distorcidas que se dão à luz do dia.

A identidade do aluno adulto está fundada sobre a comunidade com outros estudantes e, simultaneamente, sobre os contrastes com a cultura escolar. Portanto, está edificada em um território de fronteiras culturais. Ele gera abalos sobre todos aqueles que co-habitam esse torrão. Inclusive um professor nativo, bicho urbano e escolarizado: alguém como eu (Frochtengarten, 2007).

A presença de migrantes sertanejos pertencentes às classes pobres é parte do cenário paulistano. Por isso, minha participação no supletivo não correspondeu à revelação de uma realidade antes impensada. Antes, provocou o estranhamento de quadros sociais já assimilados e um dia tomados como arcabouço natural da existência. Ensinou até que ponto o desconhecido pode ser o familiar.

Uma vida toda transcorrida em uma mesma cidade arrisca transformá-la em realidade despercebida. A visão acostumada não mais se deixa interceptar pela paisagem e pelas figuras humanas nela dispostas. Em suas andanças, o corpo reproduz mecanismos motores tornados habituais, articulados às imagens de um mundo físico corriqueiro. Os acontecimentos cotidianos assumem sentidos definitivos, apresentados e reapresentados à consciência em formas consolidadas a despeito das experiências. A familiaridade arrisca tornar inabalável o olhar.

A experiência de viagem ao sertão confirmou que meu deslocamento tivera início anos antes. O desequilíbrio causado pelo contato escolar com migrantes sertanejos havia muito começara a produzir efeitos afinados com aqueles que são vividos pelos viajantes. O mergulho em um universo material e simbólico distinto pode promover um distanciamento do mundo próprio. Como a mirada ao infinito, a jornada permite à vista cansada recobrar o foco de nuanças onde apenas via borrões. Tal experiência guarda afinidades com aquela que, para Lévi-Strauss (2004), é a do etnógrafo: homem que, tocado pelo outro, jamais tornará a sentir-se em casa onde quer que venha a estar. Ou, nas palavras de José Moura Gonçalves Filho (2003), o deslocamento é acompanhado por um descolamento do ponto de vista.

A habitação da perspectiva dos estudantes conduziu-me a outra cidade que existe na minha, a outro mundo que existe no meu, a lugares ocultos de minhas entranhas. O estrangeiro é sempre o outro mas, como ressalta Julia Kristeva (1994), outro que também vive dentro de mim, face oculta de minha identidade. O estrangeiro oferece apoio à transcendência do nativo que já não pode sentir-se em casa dentro de si mesmo.

A tolerância para os enigmas e as perturbações geradas pela tensão cultural são um requisito para educar adultos. Essa disponibilidade não decorre de um esforço voluntarioso, posto em prática em nome de uma causa externa. Resulta da experiência que pega desavisado o educador principiante e desdobra-se, vertiginosamente, para um processo de mútua aculturação.

Na companhia duradoura dos estudantes do supletivo, experimentei morar em um mundo ao qual pertenço e não pertenço.

Ele conferiu-me uma prova da vivência que é, por excelência, a do próprio migrante. Em uma sala de aula, podemos todos assumir a simultânea condição de nativos e estrangeiros. E o mundo se torna comum.

NOTAS

1 No contexto brasileiro, a cultura popular e a cultura erudita, de verve escolar e acadêmica, articulam-se com a cultura de massas. A sondagem da penetração da indústria cultural nos meios sertanejos, sua influência sobre as formas de existência da gente local e sobre fenômenos sociais como a escolarização e a migração abrem um campo fértil a uma pesquisa futura. Este livro deteve-se, especialmente, nas relações entre a cultura escolar e a cultura popular.

2 Essa divergência entre formas de pensamento já se revelara em aulas do supletivo nas quais trabalhamos com médias aritméticas. Diante de números que apresentam a superioridade da esperança de vida na região Sudeste em relação ao Nordeste brasileiro, são comuns comentários do tipo: "Minha mãe está viva na Bahia e meu ex-patrão morreu mais novo do que ela". Além das dificuldades operatórias, um obstáculo à compreensão do conceito de média parece residir na adesão do aluno adulto à experiência imediata.

3 O exame das soluções consideradas "erradas" para os problemas apresentados deve ainda considerar que a escola solicita formas de pensamento muitas vezes diversas daquelas que são empregadas por trabalhadores. É provável que um marceneiro organize seu material de trabalho reunindo a furadeira aos parafusos, o martelo aos pregos, assim realizando uma ordenação funcional inteligente para as tarefas que realiza. Entretanto, esse mesmo marceneiro seria malsucedido caso empreendesse, nas atividades pedagógicas descritas, uma divisão baseada em sua experiência concreta e em relações internas entre as partes.

4 Esse fenômeno ocorre porque os ovos de algumas espécies de peixes são capazes de manter-se na ausência de água. Permanecem em estado latente, apenas eclodindo quando as condições do ambiente tor-

nam-se favoráveis à vida do filhote. Em algumas regiões do Nordeste brasileiro, esses animais são chamados "peixes da chuva".

5 Alinhado a esse parecer de Geni, o comentário de Elcilene acentua sua percepção acerca do valor histórico de alguns objetos. "Eu não dava tanto valor para algumas coisas que eu tinha lá como eu dou hoje, quando volto. Lá na Bahia, minha avó e minha mãe tinham muitos móveis antigos. Eu achava uma breguice. Hoje, que eu moro aqui em um lugar que tem muita antiguidade, que eu sei que tem história, eu chego na Bahia e acho a coisa mais linda".

CAPÍTULO 4

ATÉ QUANDO?

Minha aproximação de alguns sertanejos nas sociedades rurais e em uma escola paulistana permitiu reunir elementos para, finalmente, discutir as interferências da experiência estudantil sobre seus projetos para o futuro. Nesse âmbito, pretendo alcançar alguma compreensão sobre aquilo que a identidade de estudantes pode ter anunciado aos rumos da migração.

"MUDAR DE VIDA"

Durante os grupos de conversa com os alunos tremedalenses, belo-campenses e paraisenses, surgiram obstáculos à promoção de discussões sobre as razões que os trouxeram de volta à escola. Quando indagados a esse respeito, estabeleceram-se consensos quanto à necessidade de "mudar de vida". Embora o sentido dessa expressão seja suficientemente vago para circunscrever projetos amplamente diversos, ela faz invariável referência ao desejo de galgar empregos qualificados e à possibilidade de mobilidade na escala social. Os motivos mais imediatos para o retorno desses sertanejos à escola habitam a mesma esfera econômica que promoveu a saída das áreas rurais onde, dificilmente, poderiam "mudar de vida".

Essa representação confere ao projeto escolar um caráter complementar à migração. O retorno à sala de aula foi primeiro percebido por esses estudantes como um instrumento de efetivação das promessas que os fizeram deixar suas áreas de origem em direção à metrópole[1]. No entanto, o transcorrer da participação desses alunos no supletivo gerou transformações que operam em campos diversos daqueles aos quais se dirigiam suas expectativas iniciais.

Comecemos com o que disse Valmiro:

Muitos acham que o estudo é só pro lado profissional. Hoje eu vejo que não é só isso. Minha vida mudou, sinceramente. Meu modo de pensar, até de andar. Minha postura na rua e a coragem de falar. Se eu tiver que conversar com o chefe, chego mais confiante, sem tanta timidez. Tenho a coragem de saber que posso falar. [...]
Eu sou uma pessoa muito crítica. Acho que isso mudou depois da escola. Não sei se a crítica é pro bem. Mas sou muito crítico na defesa das pessoas. Não posso ver pessoas exploradas porque não têm vocabulário.

E Edilsa (T):

Eu, quando entrei na escola, era muito tímida. Tímida, tímida, tímida. Olhava pro chão. Na escola eu fui me soltando. Comecei a participar de aulas de teatro. E hoje em dia, mesmo falando muito errado, não tenho vergonha de errar. A gente aprende a conversar. Antes de ir pro colégio eu tinha medo de falar, de olhar. Hoje eu aprendi a entrar e sair nos lugares, a conviver com a sociedade. Depois que terminar os estudos, vou fazer algum curso. Porque senão eu ia ter que deixar de dizer "eu sou estudante". Quando a gente fala isso, se sente diferente.

Esses alunos percebem que a passagem pela escola transformou traços de sua personalidade, assim lhes permitindo portar-se de novas maneiras diante do outro. A "coragem de saber" que é possível fazer uso da palavra, como disse Valmiro, tem colaborado para desfazer o retraimento político que, assimilado, exaspera o que possa haver de timidez.

Contou Ana: "Eu evitava encontrar pessoas que eu achava que podiam saber mais que eu. Chegava numa loja, ia perguntar alguma coisa e ficava sem jeito de falar errado. Porque na Bahia eu conhecia todo mundo do povoado, eram iguais a mim. E lá eu não tinha timidez. Mas agora já estou melhor".

O espírito de quem passou a experimentar-se como alguém autorizado a aparecer diante do outro ganhou traduções no corpo que anda, observa, conversa, dramatiza, transita de um lugar a outro. O ânimo da voz e dos gestos propicia formas inéditas de estar na cidade.

Essas não são transformações espontaneamente geradas pela permanência insistente na paisagem urbana. Tampouco foram promovidas pela participação no trabalho ou na vizinhança. Os alunos localizam precisamente seu nascedouro na escola.

Alceu deu seu parecer: "Quando a gente faz trabalho em grupo, entra em contato um com o outro. Aprende a dar a ideia da gente e respeitar a ideia do outro. Às vezes, a gente fala uma coisa que está certa e o outro tem a outra parte. Isso eu aprendi no colégio. E, se eu encontrar alguém, já estou mais adaptado pra conversar".

Disse Geni: "Tem muita coisa que a escola muda no nosso pensamento, no nosso comportamento e que na matéria não está escrito que é pra vocês ensinarem isso aos alunos. Mas cada um passa alguma coisa".

Adailton observou: "Eu pensava tudo diferente. Na escola eu aprendi a não fazer antecipação de pensamento em relação às pessoas, procurar estudar melhor a pessoa pra depois julgar alguma coisa. Nesse último semestre, nós discutimos um texto que falava mais ou menos sobre isso".

E outra vez com Valmiro: "Eu tinha outro ponto de vista quanto aos índios. Mas, depois que eu conheci, hoje eu me sensibilizo quando ouço falar da situação dos índios. Você acredita? Eu fico emocionado quando vejo. Ignorante eu sou até hoje, mas aprendi a ser outro Valmiro".

As mudanças de perspectiva que esses alunos reconhecem em si mesmos foram geradas pelo encontro com gente. Isso nada tem que ver com a proximidade física de alguém que estivesse engessado por estereótipos e preconceitos, ou impedido por uma desigualdade naturalizada e intransponível. Encontros são situações em que há liberdade para sofrer as palavras, as ações e os rostos dos outros. A participação nessa modalidade de relações foi capaz de ensinar sobre o caráter imprevisível das transformações geradas pela experiência de gente.

Finalmente, uma consideração acerca das mudanças atribuídas pelos alunos à passagem pela escola se ressentiria caso deixasse de abordar seus relacionamentos com alguns espaços da cidade.

O trabalho pedagógico realizado no supletivo diversas vezes transpõe os limites físicos da escola para espaços de cultura e lazer da cidade de São Paulo. Independentemente do grau de relacionamento que esses passeios a cinemas, teatros, museus e parques possam assumir com os conteúdos pedagógicos, oferecem oportunidades para o trânsito dos alunos pela cidade, a ampliação de suas opções, o contato com diferentes linguagens e o enriquecimento de suas experiências estéticas (Alvares, 2006). Enfim, as propostas de saída da escola permitem que os estudantes conheçam modos de estar na cidade nada comuns em seu cotidiano.

Essas iniciativas são relevantes para gente que enfrenta toda sorte de empecilhos à cultura da metrópole. Seu acesso é impedido pela já referida falta de tempo, esbarra na dificuldade de acesso às informações sobre os equipamentos culturais e é refreado pelo pressuposto sistemático de que seu usufruto será oneroso. Esses fatores reforçam o afastamento de práticas já distantes do repertório dos estudantes.

Nunca esqueci de um antigo comercial cuja intenção era atrair anunciantes para as salas de cinema da cidade. Pretendendo demonstrar a popularidade dessa arte e a eficiência de sua mídia, apresentava a cena de uma pessoa convidando um amigo para ir ao cinema. Este, porém, não compreende, não faz ideia do que possa ser o dito lugar. O primeiro se esforça: gesticula, explica, faz alusão à tela branca, à escuridão e à pipoca, silaba: "ci-ne-ma". Nada, o outro nunca ouviu falar. Finalmente, a voz do locutor em *off* vem perguntar se o espectador já viu cena como aquela.

Ao longo da participação no supletivo, acompanhamos muitos alunos em suas primeiras investidas não apenas em cinemas como em outros espaços culturais. Certa feita, fascinado pela inédita experiência, um estudante perguntou à professora se aquilo acontecia todos os dias. E, diante da resposta positiva, quis saber como ela fizera para que chegassem bem na hora em que o filme estava para começar. Definitivamente, educadores de adultos não fazem parte do público-alvo da referida campanha publicitária. Vivemos experiências que o mentor desse comercial, em seu gabinete, supunha inexistentes.

Os convites para as saídas pela cidade têm grande receptividade entre os alunos, muitos dos quais dependem da escola para realizá-las. Esses passeios já levaram pessoas que jamais haviam saído das imediações do lugar onde trabalham e estudam a bairros distantes. Já arrancaram gente dos quartos de empregados cujas paredes confinam os finais de semana. Com a intenção de contribuir para a satisfação dessa demanda, durante alguns semestres participei, com alguns alunos, da elaboração de um boletim mensal. O *Bom, fácil e barato* apresentava opções de cultura e lazer que julgávamos enquadrar-se nesses critérios.

Em nossos grupos de conversa pudemos recolher impressões sobre o valor da vida escolar para a participação cultural na cidade.

Disse Edilsa (T): "Eu conheci teatro e cinema com o colégio. Exposição, quando eu cheguei aqui, nunca tinha ido. Fui com o colégio. A gente, sozinho, nem procura, nem sabe que existe, nem sabe onde fica. Hoje mesmo: eu sei que tem um teatro que é de graça. Se não fosse o colégio, como eu ia ficar sabendo?"

Valmiro deu outro exemplo: "Eu nunca tinha ouvido falar no que era uma biblioteca. Foi com o colégio que eu vim saber que tem uma lá perto da minha casa. Às vezes vou lá, leio. Sempre que eu tenho um tempo na saída do serviço. É a Biblioteca Cecília Meireles"[2].

Um dos aspectos característicos daquilo que Marc Augé (1994) define como supermodernidade é a multiplicação de espaços denominados de "não-lugares". Eles contribuem para a circulação acelerada de pessoas e bens. São pontos de trânsito nos quais os homens não se detêm. Aeroportos, centros comerciais e estações de metrô são exemplos dessas esferas da cidade que não concedem espaço à história, tampouco abrigam uma sociedade orgânica.

Esse fenômeno contemporâneo parece exacerbar-se na vivência do migrante sertanejo. Para ele, a cidade é toda ela um "não-lugar". Sua paisagem é como um somatório de espaços desprovidos de sentido, refratários à presença, vistos apenas de passagem e reduzidos a um nome, quando este pode ser lido. Não devem e não dizem respeito à sua existência.

As atividades pedagógicas que lançam os alunos à cidade colaboram para sua participação em espaços tipicamente letrados. É como se o ingresso no mundo da leitura e da escrita permitisse a ocupação de uma urbe outrora oculta. Ao contrário do "não-lugar", revela-se uma cidade que se presta à fruição, carrega alguma história e passa a abrigar diálogos em que os alunos tomam parte. Essa espécie de colonização do espaço urbano que acompanha o letramento participa da construção da identidade de estudante.

Ana fez referência a um passeio para Santos: "Eu já conhecia a praia. Mas, quando a gente vai pra praia, só vai pra praia. E lá nós fomos no Museu de Pesca. O pessoal que vai pra praia não pensa em ir nesses lugares. E a escola me deu essa oportunidade de conhecer coisas que eu nunca pensei que ia conhecer um dia".

Nilda mencionou outro passeio: "Esses dias a gente foi na exposição sobre o Darwin, lá no Masp. Se eu não tivesse no colégio, talvez estivesse lá do lado e nem ia saber que ali tinha exposição. E eu nem queria ir, mas fui. E quando cheguei lá eu vi uma exposição muito linda. Eu vi o *Homo sapiens sapiens*!"

Essas aulas que transbordam para fora da escola valem como afirmações do direito dos oprimidos à cidade. Contam como um ensino de seu caráter público.

* * *

Seria preciso conhecer a trajetória de ex-alunos após a conclusão do curso, a fim de apurar com rigor se a expectativa inicial – de que o diploma escolar permitirá abraçar outras oportunidades de trabalho – está se cumprindo. Os saberes a esse respeito, porém, são esparsos. A instabilidade dos arranjos cotidianos, especialmente mudanças de emprego e residência, tem dificultado o contato da escola com antigos estudantes, assim impedindo uma rigorosa aferição dos rumos de sua história. Notícias a seu respeito chegam por atuais alunos que guardam algum vínculo com quem se formou e por alguns ex-alunos que retornam em visita à escola. Trazem indícios de que são raros os que seguem ao ensino superior e poucos os que ingressam em cursos técnicos.

Entre os estudantes que frequentavam o supletivo em 2007, verifiquei que os estudantes do ensino médio tinham profissões semelhantes às dos alfabetizandos do ciclo 1. Em ambos os casos, destacavam-se as atividades de empregada doméstica, cozinheira, babá, arrumadeira, faxineira, vigilante, guarda de segurança, guarda de rua, porteiro, zelador, caseiro e motorista particular. Esses eram os postos de trabalho ocupados por 73% dos estudantes do ciclo 1 e por 51% dos alunos do ensino médio. A diferença, aparentemente significativa, deve ser atenuada pelo fato de os empregos domésticos predominarem entre as mulheres. E, enquanto o ensino médio tinha 63% de alunas, esse número era de 79% no ciclo inicial.

Embora houvesse semelhanças entre as profissões dos estudantes com graus diversos de escolaridade, os salários recebidos pelos alunos do ensino médio eram geralmente superiores àqueles recebidos por seus colegas do ciclo 1[3]. Empregadas domésticas ou babás que pouco conhecem das letras não são remuneradas como outras, mais escolarizadas[4].

Finalmente, chama a atenção o número crescente de alunas do ensino médio que exercem a função de empregada doméstica: em 1991, elas perfaziam 23% dos estudantes; em 2003, 35,7% e, em 2007, 43%. Podemos interpretar essa tendência como um reflexo da difusão da cultura letrada. Ela foi assim expressa por uma aluna: "Hoje em dia, até para ser empregada doméstica tem que ter o ensino médio, senão..." Ao mesmo tempo, esses dados sugerem que a escolarização já não contribui como outrora para a mudança de profissão. Fazem crer que se ampliaram as exigências para, como disse outra aluna, "parar de limpar o chão da casa de patrão".

Esse quadro comparativo das ocupações de adultos em diferentes etapas da escolarização e as notícias sobre aqueles que já se formaram sugerem que o nível de escolaridade não oferece garantias às expectativas que trouxeram os alunos à escola. O cenário que ora apresentamos, merecedor de investigações mais profundas, no mínimo põe a nu o viés ideológico de leituras apoiadas sobre relações mecânicas entre o perfil socioeconômico dos sujeitos e seu grau de escolaridade. Já não podemos afirmar que a carência material seja decorrente do afastamento da escola. Devemos, isto sim, inverter a ordem dos pares sutilmente arranjados pelo discurso dominante: a escolaridade incompleta é que foi causada pela carência material.

Caso o projeto escolar dos alunos migrantes tivesse se mantido na cadência dos imperativos pragmáticos que primeiro os trouxeram de volta aos estudos, dificilmente desenharia uma identidade de estudante. A passagem pelo supletivo, no entanto, reservou-lhes surpresas. Seus relatos deixam transparecer novas perspectivas e formas de encantamento diante do mundo, alargamento dos horizontes culturais, afirmações do corpo e da voz. Não restam dúvidas de que a participação escolar permitiu "mudar de vida", porém em um sentido diverso daquele primeiro imaginado. A percepção dos estudantes acerca de algumas modificações em sua postura e atitude, em sua forma de relacionamento com alguns homens e espaços da cidade, revela sua consciência acerca dos deslocamentos que acompanham o letramento e a socialização promovidos pela escola.

Grosso modo, para o grupo de migrantes com quem tenho caminhado, a condição de estudantes pouco incrementou a vida econômica estabelecida desde a mudança para a cidade. Os mais imediatos e perceptíveis benefícios gerados pela experiência escolar vivem no campo político.

OLHARES LETRADOS SOBRE O SERTÃO

As transformações que permitiram que os alunos estivessem diante de outros homens e se situassem na cidade de modo diferenciado também ofereceram novos ângulos de seu entorno biográfico. O ponto de vista do migrante, ora tornado estudante, promove releituras dos quadros sociais sertanejos sob um espectro da condição letrada.

Adailton relatou em uma entrevista individual:

> *Um agricultor precisa do estudo para aprender o que vai usar nas plantações. Só que lá eles têm em mente que não têm necessidade de estudo. Mas não é que não têm necessidade. Informação, o máximo que vier, é bem-vindo. Só que lá você fala pra uma criança estudar, eles falam: "Eu vou estudar pra trabalhar na roça?" Eu vim pra São Paulo e fiquei mais vivido. E essa mudança desperta os conhecimentos. Acho que, quando tinha lá meus 15 anos, eu pensava isso que eles pensam. Mas quando eu vou lá, tenho oportunidade, eu converso com os que pensam como eu pensava. Mas, na última vez, eles falaram que eu só falava em escola, escola, escola...*

Edilsa falou sobre Tremedal:

> *Os conhecimentos nossos eram aqueles do dia a dia: plantar, colher, se alimentar daquilo que colheu, limpar a casa e lavar as roupas. Era vida de agricultor que sabe plantar pra sobreviver. Mas as pessoas de lá deviam conhecer coisas que ainda não conhecem. Mas lá não existe isso de pegar um livro pra ler.*

A experiência do letramento como ampliação dos horizontes muitas vezes tem sido traduzida mediante a afirmação reversa do analfabetismo como uma espécie de cegueira. As práticas de leitura e escrita são vividas pelos alunos como reveladoras de necessidades do espírito humano que, assim como clamavam do seu interior, possivelmente roguem, latentes, no mundo interno de todos os homens.

Essa suspeita, que geralmente paira sobre as impressões dos alunos, mexe nas imagens da região onde viveram. Ela passa a equivaler a um lugar onde a demanda pelas letras muitas vezes não pôde emergir – se emergiu, não foi contemplada – e onde sua experiência escolar não encontra comunidade. O letramento foi gerador de algum afastamento de quadros sociais sertanejos, que assim passaram a encarnar a entidade do Outro.

Ao longo da trajetória culminante neste livro, tive indicações de diversas formas de vinculação dos alunos a seus grupos originais. Os afetos relativos aos familiares e às casas, às quais muitos ainda se referiram como suas, pulsavam na preocupação com os pais, na busca de notícias do cotidiano rural, na atenção às chuvas eventuais, no sofrimento gerado pela saudade e nas viagens ao lugar de origem, sempre em número menor do que o desejado. Na esfera econômica, a ligação com os grupos familiares se estabelecia pela remessa de parte dos rendimentos aos pais, fazendo viver resquícios da economia familiar, embora já não haja unidade social.

Algum grau de afastamento dos estudantes em relação ao mundo sertanejo não resultava simplesmente da ausência de formação escolar entre sua gente. Decorria, igualmente, das escassas oportunidades para práticas letradas naquelas áreas rurais. Nas regiões onde estive, eram exíguas as atividades profissionais que empenhavam a leitura e a escrita, assim como o são os empregos para analfabetos na cidade. Em uma sociedade onde o direito universal à educação ainda não se efetivou, as inserções de uns e de outros dependeriam de políticas públicas interessadas na participação dos grupos minoritários nas formações sociais onde vivem. Assim como uma escola pode apoiar a enxertia do migrante sertanejo na cidade, alguns casos de ex-alunos do supletivo que regressaram ao sertão salientaram a riqueza do hibridismo cultural.

Dos sete ex-alunos que reencontrei durante a viagem, todos disseram ter deixado São Paulo devido à dificuldade de encontrar empregos que trouxessem alternativas à condição de empregados domésticos. Nenhum deles pensava em voltar à metrópole. Eram três os que viviam nas áreas urbanas de seus municípios: dois irmãos abriram uma padaria em sociedade e uma moça trabalhava em um salão de beleza. Os demais, dois homens e duas mulheres, viviam na zona rural: três deles trabalhavam como agentes de saúde e uma tornou-se professora.

Os agentes de saúde contaram sobre seu trabalho. Narraram os desafios de ensinar hábitos de higiene bucal aos mais velhos sertanejos e de convencê-los sobre o poder curativo de determinados medicamentos; discorreram sobre os esforços para que a população das áreas rurais comunicasse a presença de ratos mortos, medida necessária ao controle da peste bubônica então erradicada; explicaram as razões da redução da incidência da doença de Chagas e contaram os problemas de contaminação das fontes de abastecimento de água de Belo Campo, causada pela construção de fossas próximas aos poços de captação. Suas explanações trouxeram implícitos os conhecimentos sobre a poluição do solo, os ciclos de vida dos parasitas, suas formas de contágio e profilaxia. Enfim, temas que um dia ocuparam-nos no supletivo.

Lia, a ex-aluna que era professora, estava prestes a concluir um curso de licenciatura em Biologia, parte dele presencial, outra a distância. A certa altura de nossa conversa, perguntei de que maneira a passagem pelo supletivo havia influenciado sua condição de estudante universitária e professora. Ela contou algumas passagens que vale a pena reproduzir.

A prova escrita para o ingresso na faculdade foi acompanhada por uma funcionária que, segundo disse Lia, tinha a incumbência de sanar eventuais dúvidas dos candidatos. Essa pessoa teria se surpreendido quando a moça com quem ora eu conversava entregou sua redação sem ter solicitado qualquer auxílio. Lia então me perguntou, como quem chama à cumplicidade: "Como eu podia pedir ajuda se era pra escrever a minha opinião?"

Lapidando seu trabalho como educadora, mencionou práticas que atribuía à experiência no supletivo. Contou sobre algumas estratégias pedagógicas e seus métodos de avaliação continuada. A primeira atividade que propôs como professora estava de tal modo aderida à memória que, enquanto a relatava, punha-se maravilhada com os desenhos de observação de árvores feitos por seus alunos. Ao mesmo tempo, era como se melhor compreendesse os porquês das condutas de seus ex-professores.

Meses depois, Lia escreveu-me uma carta:

Quando vi você em Tremedal, pra mim foi como voltar no tempo e sentir tudo outra vez. A sensação de entrar na sala de aula, as conversas, as aulas de laboratório, os conselhos, os puxões de orelha, a entrega dos boletins no fim do bimestre, enfim, foi o dia da minha vitória e dos meus sonhos. Sendo estudante de licenciatura em Biologia, reencontrar com meu professor de Ciências Naturais mais de sete anos depois! (2007)

Quando conversamos pessoalmente, meu esboço de uma pergunta sobre a roça foi assim interrompido por Lia: "Estou vendo que, enquanto a gente conversa, você está aproveitando pra fazer sua pesquisa". Esse flagrante, inédito em toda a viagem, só poderia ter sido dado por alguém que agora assumia afinidade com meu modo de pensar.

Esses ex-alunos do supletivo que regressaram aos lugares de origem desempenhavam atividades diferentes daquelas que são as dos grupos familiares em que foram primeiro formados. A experiência escolar vivida em terra distante disparou práticas letradas, de modo que a volta ao sertão merece ser prudentemente refletida a fim de definir o exato sentido do que chamamos de retorno.

Durante nossas conversas, esses ex-alunos fizeram referência aos habitantes do lugar do ponto de vista de agentes de saúde e de uma educadora: as crenças e os hábitos dos sertanejos punham à prova sua racionalidade científica, assim como a vida rural à margem da escola trazia desafios àquela professora de seus filhos. Nossas prosas soaram como conversas entre colegas de trabalho. E a forma de vida sertaneja à qual esses ex-alunos estavam integrados foi por eles abordada como pertencente a outras gentes. O regresso geográfico desses filhos do lugar não renovou suas antigas concepções sobre o homem e a terra nem restaurou os modos de vida precedentes à migração. Aos seus olhos, o mundo original não pôde refazer-se. Era hora de doar, à vida campesina, seu metabolismo da cultura letrada.

Entretanto, eram escassos os lugares que podiam ser ocupados pelo homem escolarizado naquelas áreas rurais. Enquanto o sertão continuar a ser um cenário árido de aberturas a práticas letradas, é possível que os adultos migrantes continuem a viver sua escolarização como paradoxal experiência de conquista pessoal e de afastamento de seu mundo original.

PROJETOS DE FUTURO

Nos grupos de conversa e nas entrevistas individuais, alguns alunos do supletivo falaram sobre sua perspectiva de permanência em São Paulo; outros, sobre a ideia de regresso ao ponto de partida da atual empreitada.

Aqueles que disseram ter em mente o retorno para a área rural ou urbana de seus municípios, onde alguns inclusive construíram casas, não tinham ideia de quando o fariam. O tempo que ainda lhes restava em São Paulo era incógnito e não havia um acontecimento preciso que, quando viesse, anunciaria o momento de voltar.

Contou Edilsa (T) em um grupo de conversa: "Tenho vontade de voltar pra cidade de Tremedal, mas só se eu conseguir mostrar pra alguém: 'Olha, fui, estudei, me formei, trabalhei e voltei com um objetivo que eu trouxe de lá'".

E seu conterrâneo Dernilson: "Meu filho nasceu aqui, mas ele chega lá na Bahia e se solta. Quer ficar no mato. Ele vive falando: 'Pai, quando nós vamos embora pra Bahia?' Eu digo que não sei. Mas eu penso em voltar pra lá".

Houve também alunos que manifestaram a intenção de permanecer para sempre na metrópole.

Foi o caso de Joelma: "Voltar a morar em São João eu não conseguiria. Hoje eu gosto de lugares agitados. No sítio do meu pai, começa a escurecer e eu quero voltar. Não consigo dormir porque é muito escuro".

E Nilda: "Eu não pretendo voltar. Não conseguiria mais viver lá em lugar parado. E na roça é tudo muito sossegado. Lá, a gente sobrevive. Aqui é diferente. Dá pra ganhar algum dinheiro".

Os estudantes que revelaram o intuito de não mais retornar sabiam que a manutenção da vida urbana depende de um delicado equilíbrio entre as condições de trabalho, renda e moradia. Ele foi efêmero para uma das alunas que participaram dos grupos de conversa: semanas depois, foi obrigada a deixar a escola para manter-se no emprego de babá do qual dependia para permanecer em São Paulo. Fosse como fosse, assim como seus colegas que igualmente almejavam fixar-se na metrópole, contava com a segurança ainda oferecida pelo lugar de origem: caso a vida impusesse a revogação dos planos originais, a ele poderia recorrer em última instância. Enquanto possível, esses alunos buscariam meios para dar seguimento à condição vivida naquele momento.

Em síntese, os projetos de permanência e de retorno dos estudantes envolviam incertezas decorrentes de um presente delicadamente arranjado e imerso em contradições: entre a cidade e o campo, o trabalho e a família, a solidão e a reunião, o asfalto e a terra, o agito e o silêncio, o clarão e a escuridão. O futuro, por esses motivos, aparecia-lhes fluido e fugidio. A vida tornara-se um presente alargado, oscilante entre uma situação provisória que se prolongava e um estado duradouro vivido como temporário (Sayad, 2000).

Em meio às indefinições que coloriam o presente e impregnavam os projetos desses alunos, a ideia do regresso se apresentava como permanente baliza. Para aqueles que sonhavam com a volta, ela anunciava a localização geográfica do porvir. E, a quem desejava assentar na paisagem paulistana, oferecia o contraponto do que a vida poderia ter sido ou talvez viesse a ser; sua permanência era como um não-regresso. As representações sobre o retorno revelavam-se elementos constitutivos da condição dessa gente que vivia como presença e ausência simultâneas (Sayad, 1998).

O impasse entre ficar ou partir não era novidade. Ele apresentou-se a esses estudantes quando ainda eram jovens habitantes das áreas rurais. E não se desfez pela migração.

Em um de nossos grupos de conversa, Alceu pôde dizê-lo: "Se estou aqui, me acostumo aqui. Se estou lá, me adapto lá. Se eu estou lá, parece que não vim aqui. E se eu estou aqui parece que não fui lá".

E Edilsa (T): "Aqui, você está na terra dos outros. Nem que eu compre um pedacinho, ainda assim meu lugar é lá. Mas hoje em dia eu já me sinto daqui. Já construí uma vida. Lá, a terra é sua, mas a vida é difícil. Aqui, a cidade me deixa turbulenta. Eu acho que vou ficar doida".

A concomitância das experiências de pertencimento e estranhamento do sertão e da cidade resulta da tensão entre dois mundos que passaram, cada qual, a comportar um par de verdades contraditórias. Ficamos sem saber se um dia esse conflito se resolverá. Não é o migrante sertanejo que vive em dois mundos; são dois mundos que vivem no migrante sertanejo.

Se o ingresso na escola deu continuidade aos motivos econômicos da migração, também reforçou a consciência de um presente movediço, vivido como trânsito permanente entre o rural e o urbano, entre mundos iletrados e letrados. A experiência escolar ainda não realizou os objetivos pecuniários desses migrantes, mas apresentou-lhes práticas sociais que renovaram seus sonhos de, um dia, poder cumpri-los.

A formação dos estudantes para os tempos que virão é um desafio enfrentado por todas as escolas desse mundo em que as competências necessárias à participação social sofrem mudanças aceleradas. No caso específico da educação de adultos, essa opacidade do futuro é agravada pela instabilidade dos esquemas de vida dos alunos, a começar pelo desconhecimento do lugar aonde a vida vai desenrolar-se. A retração do horizonte ao momento atual traz implicações para a educação. Solicita à escola o privilégio de intervenções sobre o presente, mais do que promessas para um futuro insuspeito (Arroyo, 2007).

Assisti a esses alunos conduzirem o presente por meio de lutas diárias do trabalho à escola. E transportando, para a sala de aula, o traço essencial da experiência migratória do sertão à cidade: sua identidade letrada se construía com raízes fincadas na esperança.

Até quando? Até quando.

* * *

Diante da biblioteca do Colégio Santa Cruz existe um grande pé de mandacaru. Nunca soube como esse cacto típico da caatinga um dia enraizou-se no trajeto por onde eu caminhava nos momentos de ir embora da escola. Encerradas as aulas, diversas vezes deparei com suas flores alvas e estaquei diante dele. Quem por ali passasse naquele instante possivelmente veria um professor de Ciências Naturais a contemplar o vegetal. Dificilmente suspeitaria tratar-se de alguém intrigado pelos seres que, vindos do sertão, à noite abrem suas flores em uma escola paulistana[5].

Enquanto estivemos reunidos na sala de aula, a cidade que vimos no pico se recolhera. Meu percurso de volta para casa seria acompanhado por uma mistura do cansaço resultante da estada em fronteiras culturais, porém arrefecido pela dignidade política que nutre quem pousa nessas terras.

Embora fosse inabalável minha fé no descanso, ele nascia com a promessa de ser breve. Não apenas porque o dia logo viria a raiar. Mas porque meus olhos custavam a fechar quando, finalmente em casa, descobria que também para mim já não existia retorno. Eu havia estado com o *Homo sapiens sapiens*.

NOTAS

1 Apenas três alunos que participaram dessa pesquisa têm filhos. Dois deles disseram que a necessidade de acompanhar as crianças na vida

escolar contribuiu para o retorno à escola. Conforme disse Ana: "Meu filho trazia o caderno e eu não sabia se ele fez a lição. E, agora, eu falei pra ele hoje mesmo: 'Eu já sei ver o que está errado'. E agora eu estudo não só por causa dele". Para esses estudantes que atribuem a retomada dos estudos aos filhos, a vida escolar é como uma tradição por refluxo.

2 Dias depois da viagem, fui convidado por esse aluno à sua casa paulistana. Ele passou-me o endereço e, diante de minha interrogação sobre a localização de sua rua, espantou-se: "Mas, professor, como você não sabe onde fica se essa é a rua da Biblioteca Cecília Meireles?!"

3 A tabela a seguir mostra a renda líquida mensal dos estudantes em salários mínimos (SM):

RENDA	CICLO 1	ENSINO MÉDIO
Até 1 SM	14,9%	4,5%
De 1 a 2 SM	55,3%	46,6%
De 2 a 3 SM	21,3%	35,2%
De 3 a 4 SM	4,3%	8%
Mais de 4 SM	4,2%	5,7%

4 Há empregadas domésticas contratadas por famílias que vivem em mansões próximas à escola, outras cujos patrões têm menor poder aquisitivo. Mudam também as funções. Durante a passagem pelo supletivo, conheci alunas que faziam serviços simples como lavar, passar e limpar, e outras que eram responsáveis pela coordenação de equipes formadas por cozinheira, copeira, passadeira, arrumadeira e babá.

5 Devo a Miguel Arroyo (2007) a metáfora dos alunos de EJA como flores noturnas.

REFERÊNCIAS BIBLIOGRÁFICAS

ALVARES, Sonia C. *Arte e educação estética para jovens e adultos: as transformações no olhar do aluno*. 177 f. Dissertação (mestrado em Educação) – Faculdade de Educação, Universidade de São Paulo, São Paulo, 2006.

ARENDT, Hannah. *A condição humana*. Rio de Janeiro: Forense Universitária, 1997.

_____. "Filosofia e política". In: *A dignidade da política*. Rio de Janeiro: Relume-Dumará, 2002, pp. 91-115.

ARROYO, M. "Balanço da EJA: o que mudou nos modos de vida dos jovens-adultos populares?" *Revista de Educação de Jovens e Adultos (Revej@)*, v. 1, n. 1, 2007. Recuperado em 14 jan. 2008: www.reveja.com.br.

ASCH, Solomon. *Psicologia social*. São Paulo: Nacional, 1966.

ASSARÉ, Patativa do. *Digo e não peço segredo*. Antologia organizada por Tadeu Feitosa. São Paulo: Escrituras, 2003.

AUGÉ, Marc. *Não-lugares: introdução a uma antropologia da supermodernidade*. Campinas: Papirus, 1994.

BAKHTIN, Mikhail. *Marxismo e filosofia da linguagem*. São Paulo: Hucitec, 1979.

BEISIEGEL, Celso R. "Cultura do povo e educação popular". In: VALLE, E.; QUEIRÓZ, J. J. (orgs.). *A cultura do povo*. São Paulo: Educ, 1982.

BERNARDET, Jean-Claude. *Cineastas e imagens do povo*. São Paulo: Companhia das Letras, 2003.

BERRY, John W. "Migração, aculturação e adaptação". In: DEBIAGGI, S. D.; PAIVA, G. J. (orgs.). *Psicologia, e/imigração e cultura*. São Paulo: Casa do Psicólogo, 2004, pp. 29-45.

BOSI, Alfredo. "Plural, mas não caótico". In: BOSI, A. (org.). *Cultura brasileira: temas e situações*. São Paulo: Ática, 1987, pp. 7-15.

_____. "Cultura como tradição". In: BORNHEIM, G.; BOSI, A.; PESSANHA, J. A. M. (orgs.). *Cultura brasileira: tradição/contradição*. Rio de Janeiro: Jorge Zahar, 1997, pp. 31-58.

_____. *Dialética da colonização*. São Paulo: Companhia das Letras, 2000.

BOSI, Ecléa. *Memória e sociedade: lembranças de velhos*. São Paulo: Companhia das Letras, 1995.

_____. *Cultura de massa e cultura popular: leituras de operárias*. Petrópolis: Vozes, 2000.

_____. *Tempo vivo da memória*. São Paulo: Ateliê, 2003.

BRITO, Fausto. "Minas e o Nordeste: perspectivas migratórias dos dois grandes reservatórios de força de trabalho". *Anais do II Encontro Nacional sobre Migrações da Associação Brasileira de Estudos Populacionais*, Ouro Preto (MG), 1999, pp. 169-86.

CANCLINI, Nestor G. *Las culturas populares en el capitalismo*. Cidade do México: Nueva Imagen, 1982.

CANDIDO, Antonio. *Os parceiros do Rio Bonito: estudo sobre o caipira paulista e a transformação de seus meios de vida*. São Paulo: Duas Cidades/Editora 34, 2001.

CHAUI, Marilena. "Cultura do povo e autoritarismo das elites". In: VALLE, E.; QUEIRÓZ, J. J. (orgs.). *A cultura do povo*. São Paulo: Educ, 1982, pp. 119-34.

DEBUS, Mary. *Manual para excelencia en la investigación mediante grupos focales*. Washington: Academy for Educational Development, 1994.

DI PIERRO, Maria Clara. "Notas sobre a redefinição da identidade e das políticas públicas de educação de jovens e adultos no Brasil". *Educação e sociedade*, Campinas, v. 26, n. 92, 2005, pp. 1.115-39.

DORNELAS, Sidnei M. "O dever da hospitalidade no Antigo Testamento". *Travessia*, São Paulo, n. 57, jan./abr. 2007, pp. 8-11.

DURHAM, Eunice R. *A caminho da cidade: a vida rural e a migração para São Paulo*. São Paulo: Perspectiva, 1973.

FERRARA, Lucrécia D. "Do mundo como imagem à imagem do mundo". In: SANTOS, M.; SOUZA, M. A. A.; SILVEIRA, M. L. (orgs.). *Território: globalização e fragmentação*. São Paulo: Hucitec, 1994, pp. 45-50.

FONSECA, Maria da Conceição F. R. "Lembranças da matemática escolar: a constituição dos alunos de EJA como sujeitos da aprendizagem". *Educação e Pesquisa*, São Paulo, v. 27, n. 2, jul./dez. 2001, pp. 339-54.

FREIRE, Paulo. *Pedagogia do oprimido*. Rio de Janeiro: Paz e Terra, 1980.

_____. "Criando métodos de pesquisa alternativa: aprendendo a fazê-la melhor através da ação". In: BRANDÃO, C. R. (org.). *Pesquisa participante*. São Paulo: Brasiliense, 1986, pp. 34-41.

FROCHTENGARTEN, Fernando. *Memórias de vida, memórias de guerra: um estudo psicossocial sobre o desenraizamento*. São Paulo: Perspectiva, 2005.

_____. "Educación de adultos migrantes: la experiencia de un profesor nativo". *Decisio*, Pátzcuaro (México), n. 18, set./dez. 2007, pp. 33-8.

FUMAGALLI, Laura. "O ensino das Ciências Naturais no nível fundamental da educação formal: argumentos a seu favor". In: WEISSMANN, H. (org.). *Didática das Ciências Naturais: contribuições e reflexões*. Porto Alegre: Artes Médicas, 1998, pp. 13-29.

GEERTZ, Clifford. *A interpretação das culturas*. Rio de Janeiro: LTC, 1989.

GOLDMANN, Lucien. *Dialética e cultura*. Rio de Janeiro: Paz e Terra, 1967.

GONÇALVES FILHO, José Moura. *Passagem para a Vila Joanisa: uma introdução ao problema da humilhação social*. 171 f. Dissertação (mestrado em Psicologia) – Instituto de Psicologia, Universidade de São Paulo, São Paulo (SP), 1995.

_____. "Problemas de método em psicologia social: algumas notas sobre a humilhação política e o pesquisador participante". In: BOCK, A. M. B. (org.). *Psicologia e o compromisso social*. São Paulo: Cortez, 2003, pp. 193-239.

GRAMSCI, Antonio. "Observações sobre o folclore". In: *Literatura e vida nacional*. Rio de Janeiro: Civilização Brasileira, 1978, pp. 183-90.

HADDAD, Sérgio. *Uma proposta de educação popular no ensino Supletivo*. 291 f. Dissertação (mestrado em Educação) – Faculdade de Educação, Universidade de São Paulo, São Paulo (SP), 1982.

HALBWACHS, Maurice. *Les cadres sociaux de la mémoire*. Paris: Albin Michel, 1994.

INSTITUTO PAULO MONTENEGRO E AÇÃO EDUCATIVA. *5º Indicador Nacional de Alfabetismo Funcional: um diagnóstico para a inclusão social pela educação [Avaliação de Leitura e Escrita]*. São Paulo: Instituto Paulo Montenegro e Ação Educativa, 2005.

KIESLER, Charles A.; KIESLER, Sara B. *Conformismo*. São Paulo: Blücher, 1973.

KLEIMAN, Angela. B. "Programas de educação de jovens e adultos e pesquisa acadêmica: a contribuição dos estudos do letramento". *Educação e Pesquisa*, São Paulo, v. 27, n. 2, jul./dez. 2001, pp. 267-81.

_____. "Modelos de letramento e as práticas de alfabetização na escola". In: KLEIMAN, A. (org.). *Os significados do letramento: uma nova perspectiva sobre a prática social da escrita*. Campinas: Mercado de Letras, 2004, pp. 15-61.

KRISTEVA, Julia. *Estrangeiros para nós mesmos*. Rio de Janeiro: Rocco, 1994.

KRUEGER, Richard; CASEY, Mary A. *Focus groups: a practical guide for applied research*. Thousand Oaks: Sage Publications, 2000.

LÉVI-STRAUSS, Claude. *O pensamento selvagem*. São Paulo: Nacional/Edusp, 1970.

_____. *Tristes trópicos*. São Paulo: Companhia das Letras, 2004.

LURIA, Alexander R. *Desenvolvimento cognitivo: seus fundamentos culturais e sociais*. São Paulo: Ícone, 2005.

MARTINS, José de S. *A sociabilidade do homem simples: cotidiano e história na modernidade anômala*. São Paulo: Hucitec, 2000.

MARX, Karl. *Capital: crítica de la economía política*. Buenos Aires: Cartago, 1973.

MELLO, Sylvia L.; GOMES, Jerusa V. "O que pode ler o iletrado?". *Travessia*, São Paulo, n. 12, 1992, pp. 21-4.

OLIVEIRA, Marta K. *Raciocínio e solução de problemas na vida cotidiana de moradores de uma favela*. Texto produzido para os Encontros de Psicologia dos professores de Psicologia da Educação. Faculdade de Educação, Universidade de São Paulo, São Paulo (SP), 1986.

_____. "Sobre diferenças individuais e diferenças culturais: o lugar da abordagem histórico-cultural". In: AQUINO, Júlio R. G. (org.). *Erro e fracasso na escola: alternativas teóricas e práticas*. São Paulo: Summus, 1997, pp. 45-61.

_____. "Organização conceitual e escolarização". In: BARBOSA, M. B.; OLIVEIRA, M. K. (orgs.). *Investigações cognitivas: conceitos, linguagem e cultura*. Porto Alegre: Artes Médicas, 1999, pp. 81-99.

_____. "Jovens e adultos como sujeitos de conhecimento e aprendizagem". In: RIBEIRO, V. M. (org.). *Educação de jovens e adultos: novos leitores, novas leituras*. Campinas: Mercado de Letras, 2001, pp. 12-43.

_____. "Letramento, cultura e modalidades de pensamento". In: KLEIMAN, A. (org.). *Os significados do letramento: uma nova perspectiva sobre a prática social da escrita*. Campinas: Mercado de Letras, 2004, pp. 147-60.

PALACIOS, Jesús. "O desenvolvimento após a adolescência". In: COLL, C.; PALACIOS, J.; MARCHESI A. (orgs.). *Desenvolvimento psicológico e educação: psicologia evolutiva*. Porto Alegre: Artes Médicas, 1995, pp. 306-21.

PRETI, Dino. *Estudos de língua oral e escrita*. Rio de Janeiro: Lucerna, 2004.

RIBEIRO, Darcy. *O povo brasileiro: a formação e o sentido do Brasil*. São Paulo: Companhia das Letras, 1996.

RIGAMONTE, Rosani C. *Sertanejos contemporâneos: entre a metrópole e o sertão*. São Paulo, Humanitas, 2001.

RIGOTTI, José I. R. "Geografia dos fluxos populacionais segundo níveis de escolaridade dos migrantes". *Estudos Avançados*, São Paulo, v. 20, n. 57, maio/ago. 2006, pp. 237-54.

SAYAD, Abdelmalek. *A imigração ou os paradoxos da alteridade*. São Paulo: Edusp, 1998.

_____. "O retorno: elemento constitutivo da condição do imigrante". *Travessia*, São Paulo, ed. especial, 2000, pp. 7-19.

SILVA, Vagner. G. "Entre a poesia e o raio X: uma introdução à tendência pós-moderna na antropologia". In: BARBOSA, A. M.; GUINSBURG, J. (orgs.). *O pós-modernismo*. São Paulo: Perspectiva, 2005, pp. 145-58.

SIMMEL, Georg. "A metrópole e a vida mental". In: VELHO, O. G. (org.). *O fenômeno urbano*. Rio de Janeiro: Zahar, 1967, pp. 11-25.

_____. *On individuality and social forms*. Chicago: University of Chicago, 1971.

SOARES, Magda. *Letramento: um tema em três gêneros*. Belo Horizonte: Autêntica, 1998.

_____. "Letramento e escolarização". In: RIBEIRO, V. M. (org.). *Letramento no Brasil*. São Paulo: Global, 2003, pp. 89-113.

STREET, Brian. "Introduction". In: STREET, B. (org.). *Literacy and development: etnographic perspectives*. Londres: Routledge, 2001, pp. 1-17.

VAUGHN, Sharon. *Focus group interviews in education and psychology*. Thousand Oaks: Sage Publications, 1996.

VILLA, Marco A. *Vida e morte no sertão: história das secas no Nordeste nos séculos XIX e XX*. São Paulo: Ática, 2001.

WEIL, Simone. *A condição operária e outros estudos sobre a opressão*. Antologia organizada por Ecléa Bosi. Rio de Janeiro: Paz e Terra, 1996.

WIRTH, Louis. "O urbanismo como modo de vida". In: VELHO, O. G. (org.). *O fenômeno urbano*. Rio de Janeiro: Zahar, 1967, pp. 97-122.

XIDIEH, Oswaldo E. *Narrativas populares: estórias de Nosso Senhor Jesus Cristo e mais São Pedro andando pelo mundo*. Belo Horizonte: Itatiaia, 1993.

leia também

EDUCAÇÃO COMO PRÁXIS POLÍTICA
Francisco Gutiérrez

Trata-se de um livro lúcido no qual Francisco Gutiérrez comenta e analisa uma educação socialmente produtiva, combinando estudo e trabalho, teoria e prática, escola e vida, ensino e produção. Um compromisso político-educativo que só poderá ocorrer com mudanças de atitudes e maior envolvimento e dedicação de professores, estudantes e pais. O livro é prefaciado por Paulo Freire.
REF. 10337   ISBN 85-323-0337-4

INCLUSÃO E EDUCAÇÃO
DOZE OLHARES SOBRE A EDUCAÇÃO INCLUSIVA
David Rodrigues (org.)

Desenvolver uma escola que rejeite a exclusão e promova a aprendizagem conjunta e sem barreiras. Trata-se de um objetivo ambicioso e complexo porque a escola sempre conviveu com a seleção, e só aparentemente é "para todos e para cada um". Aqui, doze especialistas apresentam suas perspectivas sobre o tema, abrindo horizontes para que os professores reflitam sobre a sua prática.
REF. 10078   ISBN 85-323-0078-2

PROFISSÃO DOCENTE
Sonia Penin e Miquel Martínez

Partindo da premissa de que o trabalho docente se dá nos emaranhados de um contexto social e institucional, Sonia Penin, diretora da Faculdade de Educação da USP, e Miquel Martínez, diretor do Instituto de Ciências da Educação da Universidade de Barcelona, trazem elementos e perspectivas que enriquecem a análise da referida temática.
REF. 10502   ISBN 978-85-323-0502-2

IMPRESSO NA
sumago gráfica editorial ltda
rua itauna, 789   vila maria
02111-031   são paulo   sp
telefax 11 **2955 5636**
sumago@terra.com.br

------ dobre aqui ------

CARTA-RESPOSTA
NÃO É NECESSÁRIO SELAR

O SELO SERÁ PAGO POR

AC AVENIDA DUQUE DE CAXIAS
01214-999 São Paulo/SP

------ dobre aqui ------

CAMINHANDO SOBRE FRONTEIRAS

------ recorte aqui ------

CADASTRO PARA MALA-DIRETA

Recorte ou reproduza esta ficha de cadastro, envie completamente preenchida por correio ou fax, e receba informações atualizadas sobre nossos livros.

Nome: _____ Empresa: _____
Endereço: ☐ Res. ☐ Coml. _____ Bairro: _____
CEP: _____-_____ Cidade: _____ Estado: _____ Tel.: (___) _____
Fax: (___) _____ E-mail: _____
Profissão: _____ Professor? ☐ Sim ☐ Não Disciplina: _____ Data de nascimento: _____

1. Você compra livros:
☐ Livrarias ☐ Feiras
☐ Telefone ☐ Correios
☐ Internet ☐ Outros. Especificar: _____

2. Onde você comprou este livro? _____

3. Você busca informações para adquirir livros:
☐ Jornais ☐ Amigos
☐ Revistas ☐ Internet
☐ Professores ☐ Outros. Especificar: _____

4. Áreas de interesse:
☐ Educação ☐ Administração, RH
☐ Psicologia ☐ Comunicação
☐ Corpo, Movimento, Saúde ☐ Literatura, Poesia, Ensaios
☐ Comportamento ☐ Viagens, *Hobby*, Lazer
☐ PNL (Programação Neurolingüística)

5. Nestas áreas, alguma sugestão para novos títulos? _____

6. Gostaria de receber o catálogo da editora? ☐ Sim ☐ Não

7. Gostaria de receber o Informativo Summus? ☐ Sim ☐ Não

Indique um amigo que gostaria de receber a nossa mala-direta

Nome: _____ Empresa: _____
Endereço: ☐ Res. ☐ Coml. _____ Bairro: _____
CEP: _____-_____ Cidade: _____ Estado: _____ Tel.: (___) _____
Fax: (___) _____ E-mail: _____
Profissão: _____ Professor? ☐ Sim ☐ Não Disciplina: _____ Data de nascimento: _____

Summus Editorial
Rua Itapicuru, 613 7º andar 05006-000 São Paulo - SP Brasil Tel. (11) 3872-3322 Fax (11) 3872-7476
Internet: http://www.summus.com.br e-mail: summus@summus.com.br

cole aqui